3週間で身につく日本人が知らないお金の常識

ココザス株式会社
代表取締役CEO
安藤 義人
Ando Yoshito

COCOZAS

まえがき

私はセミナーや講演などを通じて、多くの方に対して「正しいお金との向き合い方」をお伝えしてきました。その中で、将来に対する不安を抱えている方が非常に多いと感じてきました。2019年に「老後2000万円問題」が取り上げられてからは、さらにその数が増えている気がします。実際に、**将来に対する不安はほとんどが経済的な不安、つまりお金に関する不安**だということです。経済的な不安を抱えていると、精神的に満たされた人生を送ることはできません。それどころか、精神的な不安を抱え、人生を楽しむことができず、最悪の場合は自ら命を絶ってしまうという悲しい出来事が、今日もこの世界のどこかで起こっているわけです。私はこの現状を憂い、**「世界中の人々が毎日ワクワクしながら生きていける、そんな世界を創りたい！」**という気持ちから、**個人向けの資産形成コンサルティング**を行うココザス株式会社を創業しました。

申し遅れました。私は安藤義人と申します。現在は**３００名ほどのお客様のお金に関するご相談**に乗っており、さらに、毎月新たに多くの方とのご縁をいただいています。また、日本各地でのセミナーや講演会などで、人前でお話しさせていただく機会が多く、年間１００回以上、３０００名以上の方に対して、本書のタイトルでもある**「お金に困らない人生の送り方」**をお伝えしてきました。また、どのような手法で経済的な不安を解消していくのか、そして経済的に豊かになっていくのかについて日々多くの方々にアドバイスをしています。今では偉そうに人様の前でお話をさせてもらっていますが、実はつい**数年前まで多額の借金を背負い、ボロボロの人生**を送っていました。お金で苦しみ、経済的に困窮し、精神的にも追い詰められていました。当時の自分は今とは全くの別人で、親との関係も良くなく、周りの知人ともうまくコミュニケーションをとることができませんでした。うまくいっている人、幸せそうな人を見ると、妬み、ひがみ、陰で悪口を言う。最低な人間だったと思います。そこから、**正しいお金との向き合い方を知り、着実に行動**

していくことで少しずつですが、経済的にも余裕が出てきました。そうすると、今まで全く余裕がなかった自分の性格が変わっていくのを実感できました。今では自分のことはどうでもよく、仕事、プライベートにかかわらず、周りの方の幸せが自分の幸せという考え方に変わり、人が喜ぶ姿を見ることが一番の喜びに変わってきました。

本書では、私が18年間、お金と徹底的に向き合い続けてきた中で学んだことの中から、**今すぐ取り組める**ものをピックアップしています。投資や資産形成の難しい話をするのではなく、まずは根本となる**考え方や価値観（これをマインドセットと呼んでいます）に変化を起こす**ことが前半の目的。そして、後半では今から取り組める**具体的テクニックや投資の方法**などについても触れています。

本書に書かれていることは、お客様に日々お伝えし、取り組んでいただいている内容です。そして、実際に効果と結果が出ている方法です。例えば、

● 将来の不安がなくなり、今を楽しむ余裕ができた

●節約ばかりだった人が
今では年に2回、海外旅行を楽しめるようになった
●なぜか家族関係が非常に良くなった
●給料は変わらないのに、明らかに自由に使えるお金が増えた
●無理だと思っていた老後2000万円への
道筋が明確に見えた

などの**具体的効果を多くの方に実感**していただいています。これは正しい情報を知っているか、知らないか、たったそれだけの違いです。また、知り得た情報を効果的に活用し、自ら変化していくことができるかどうかが最も大事なポイントです。多くの方とお話しする中で、情報をお伝えするだけではなく、具体的に行動を変えていくお手伝いが大事だということに気付きました。そこで本書では、全21項目を、**毎日1項目読み、3週（21日）間で、具体的行動を変えていくことを目的**としています。気付いたら3週間後に今までとは違う自分になれるという、変化を実感していただける内容となっています。ぜひ、楽しみながらお読みいただければと思います。

私は「お金がすべて」と言いたいわけではありません。ただ、**お金があれば大抵の悩みは解決することができる**と思っています。少なくとも、選択肢の多い人生を送ることができます。例えば、満員電車に乗って通勤するのが嫌であれば会社の近くに引っ越すことができます。車で通勤するのもいいかもしれません。また、会社の上司とウマが合わないのであれば、今日にでも退職届を出すことができます。転職先もいくらでも選ぶことができます。お金のために働くのではなく、自分が本当にワクワクする仕事、心の底からやりたい仕事に向き合うことができます。また、少し疲れが溜まったら旅行に行ってもいいでしょう。好きなように休みを取得することもできるようになります。人間関係も良くなります。両親に温泉旅行をプレゼントしてあげることもできます。家族と一緒に美味しい食事を食べにいくこともできます。何をするにしても多くの幸福にはお金がかかるのです。だからこそ、「お金持ちを目指そう！」ということではなく、最低限、**お金の不安がない、経済的に自由な状態を作ることで人生はものすごく充実する**のです。これは、私が実体験として感じたこと、そして年間３０００名以上の方と触れ合う中で得た確信です。

これからの日本は本格的な人口減少、高齢化社会により、自分の身は自分で守らなければいけない時代に突入していきます。今までは国や会社がどうにかしてくれたかもしれません。ただ、新しい時代に突入し、自ら学び、変化できない人間には、非常に冷たい時代が訪れることでしょう。

ぜひ、多くの方に本書を手に取り、経済的にも、精神的にも充実した人生への第一歩を踏み出していただけると幸いです。そんな方が一人でも多く増えることでこの国が、そして世界中が明るく、幸せになることを願っています。

２０２０年9月

もくじ

DAY 1

今すぐ貯金を下ろしてロレックスを買いにいこう

貯金は悪

私はセミナーなどで常々**「貯金は悪だ！」と言っています。貯金するくらいなら今すぐにロレックスを買いにいきましょう**と。お金の勉強をしていない方からすると「何を言っているんだ、この人は」と思われてしまうのですが、至って真面目です。

まずはなぜ、貯金が悪なのか。テレビのニュースや書籍などでインフレ（インフレーション＝物価上昇）に備えよという話は聞いたことがあると思います。インフレとは何か。現在ランチの相場を１０００円だとします。しかし、物価上昇によって10年後にランチの相場が２０００円に値上がりしたらどうでしょうか。物価が2倍に上がるということは、お金の価値が半分に落ちてしまうということです。今の１０００円を貯金箱に入れておいても、10年後にはランチを食べることができないわけです。よく「インフレに備えるために現物資産を持ちましょう！」と言いますが、物価が上がっていく局面では確かに現物資産を持っていることが最大のリスクヘッジになります。貯金の金利は微々たるものです。もしインフレ率（物価上昇率）の方が上回っているのであれば、貯金をしていてもお金は実質目減りしていくのです。

ただ、もう一つ、私が貯金をオススメしない理由が存在します。**貯金貧乏**という言葉はご存知ですか？　**貯金ばかりしていると心が貧しくなる**ということです。友人から食事の誘いが来ても断る。恋人とデートに行くときは毎回大手チェーンの居酒屋。ご祝儀がもったいないから結婚式の誘いは断る。こんな方、周りにいませんか？　私も以前はそうでした。銀行残高が増えることに喜びを感じ、貯金を増やすために仕事を頑張っていました。今は真逆です。貯金が増えてしまったらロレックスを買いにいきます。

貯金よりもロレックス

ここでようやくロレックスの話に移りましょう。**「貯金は悪」と言い切るのは、貯金は何も生まないから**です。では、ロレックスはどうでしょう。「それって浪費じゃないんですか？」という声が聞こえてきそうですが、浪費なんてとんでもない。ロレックスは価値が落ちづらい時計で、購入することは立派な資産形成なんです。私の実例を紹介しますと、55万円で購入したロレックスを6年後に56万円で売却したことがあります。むしろこのときは、恥ずかしながら資金不足に陥って、仕方なく売却したのですが、本著執筆時（2020年9月）まで保有していたら、75万円くらいで売却できています。

ここで覚えていただきたい言葉が一つあります。それは**「リセールバリュー」です。分かりやすい言葉で再販価値**です。購入したものを数年後に売却した場合に、いくらの値が付くのかということです。ロレックスはリセールバリューが非常に高い。それどころか、年々値上がりしています。私も以前、2年ほど保有していましたが、デイトナという人気モデルがあります。私が購入した当時は100万円前後で購入できましたが、**8年経った今ではなんと！2倍の200万円前後で取引**されています。よく考えてみてください。憧れの時計を**実質無料で数年間利用した上に、100万円**

図1 発売から現在までのロレックス・デイトナ（Ref.116520）の価格推移

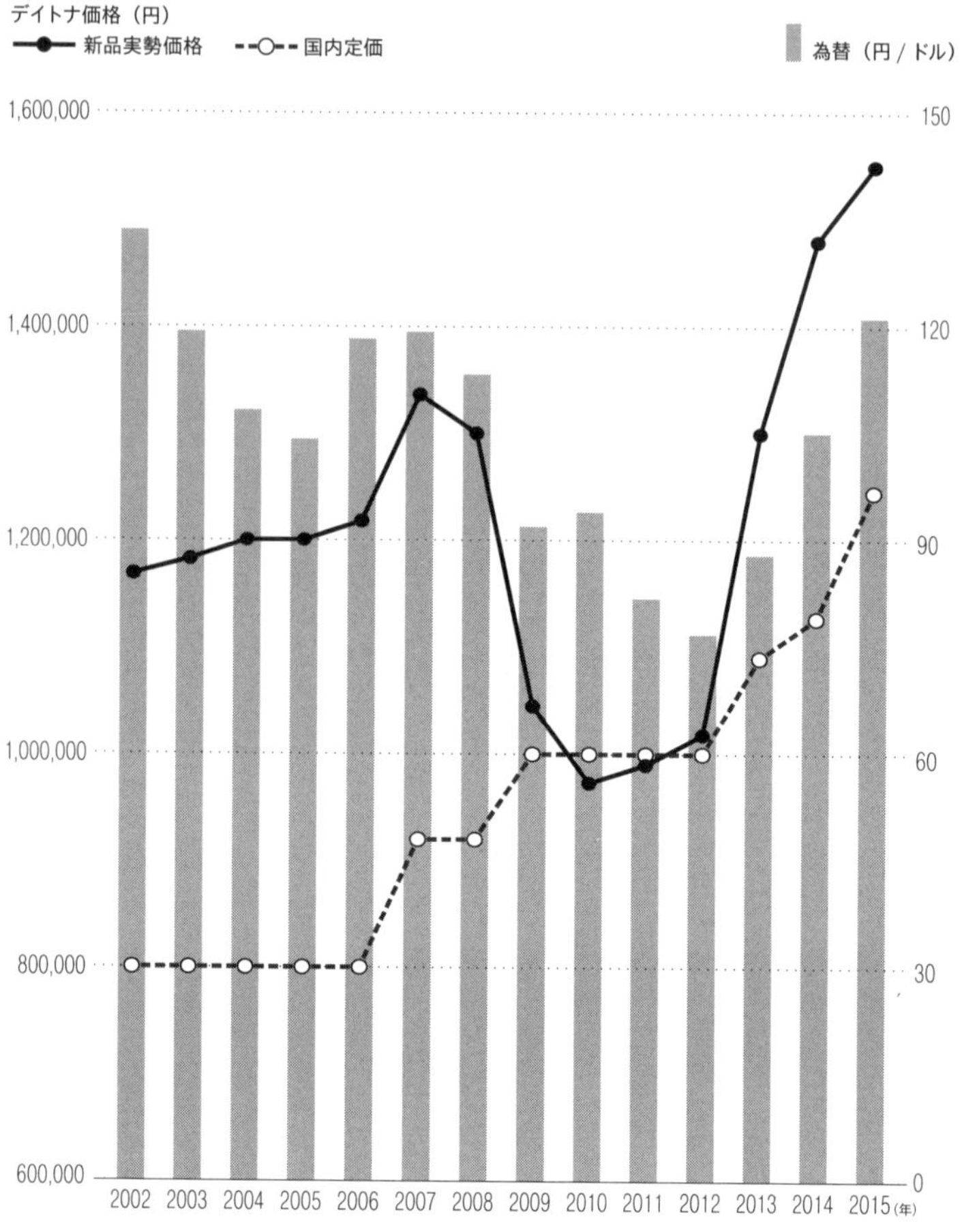

出典元：「ロレックス買取応援団」 http://bit.ly/2QXkiKw

近い売却益を手にすることができるわけです。数百万円の時計というと、ただの贅沢に思われる方も多いと思いますが、実態は違います。ロレックスは実質無料で身につけることができるのです。このように、お金を使うときには常にリセールバリューを意識することが重要です。

私は資産形成のコンサルティング会社を経営している身ですから、**あらゆる場面でリセールバリューを考えます。** 時計はロレックスしか購入したことがありませんし、車はフェラーリしか興味がありません。ちなみに私は現在、車は保有しておらず、いつもレンタカー屋でコンパクトカーを借りています。もし購入するのであればフェラーリしか考えられないということです。ロレックスと同じで、購入した金額とほぼ同額で売れるモデルもあります。ここで言いたいのは、「貯金なんてせずにお金を使いましょう！」という破天荒なアドバイスではなく「物事の本質を見ましょう」ということなんです。お金に困らない人生を送っている人は、1万円だから安い、100万円だから高いとは考えません。100万円で購入したものが数年後に100万円以上で売却できるのであれば、**リセールバリューが高い。すなわち投資価値がある＝安いと考えます。**逆に、どれだけ安価だったとしても価値のないものには1円たりとも使いません。このような思考を持つことがお金に困らない人生を送るための第一歩ではないかと思います。

ロレックス購入のための借金はありか

たまに、「借金をして時計を買うのはどう思いますか？」という相談を受けます。私は「いいんじゃないですか？　でもオススメはしません」と回答していますが、これはケースによりますね。信販会社に3％の金利を支払って購入するのはNGでしょう。値上がりが見込めたとしても、金利負担で相殺されてしまいますし、背伸びをしてまで購入する必要はありません。また、信販会社などから借入をした場合に、個人信用情報（CIC／JICCなどの信用情報機関）に、時計購入のために借入をしたという記録が残ります。この履歴は完済後、5年間消えません。もしあなたが、何らかの理由で数年以内に借入をする可能性があるのであれば、時計のローンを組むべきではないでしょう。例えば、投資用不動産のローンを考えている、起業を考えていて創業融資を組みたい、ということであればオススメしませんね。といっても、私はココザスを創業する際に、金融機関から1000万円ほど借入をしていますが、私の信用情報にはバッチリと時計の借入が残っていました。実際は影響がないようですが、少なくともローンのご利用は計画的にということです。

Point

◆貯金をしていても何も生まない

◆リセールバリュー（再販価値）を考える

◆借入をする場合は信用情報への影響を考える

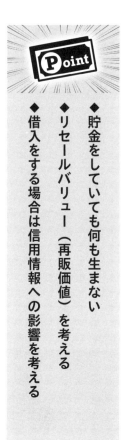

DAY 2

借金で成長を加速させよ

借金の本当の姿

あなたは「借金」を悪だと思っていませんか？　日本では借金というと非常に悪いイメージがありますね。私は**借金というのは、「自分の成長を加速させてくれるもの」**だと思っています。実際はどうでしょうか。富裕層で借金をしていない方はいないのでは？と思います。例えば、上場企業の創業社長を例に考えてみましょう。彼らは**一代で会社を成長させて、何十億、何百億円の資産を保有しています。そんな彼らも、ほとんどが借金**をしています。

「え？　なんでそんな富裕層がわざわざ借金をするの？」と疑問に思いますよね。しかし、実際に借金をしているのです。例えば、富裕層の多くは不動産投資をしていると言われています。不動産投資をする際に、現金一括で購入する人はあまりいません。保有資産や購入物件を担保に金融機関からお金を借り入れます。しかも低金利で。例えば、金利1％でお金を借りて、年間利回り6％で運用したとします。すると毎年5％の利ざやが抜けるわけです。

また、保有資産を売却して現金化すれば、20～55％の税金が課せられますが、保有資産を担保にした借金であれば、わずか1％程度の金利支払いだけで済み、課税されることもありません。こうやって富裕層はさらに富裕層になっていくのです。これは借金とうまく向き合っている良い事例です。

良い借金とは

「借金は悪いものではない！」という説明をする前に、借金の種類について考えてみましょう。**世の中には大きく分けて良い借金と悪い借金があります。**良い借金とは何か。例えば、**時間を買う借金、投資や事業のための借金**などです。時間を買う借金とは、コツコツ貯金をしてから購入すると、何十年もかかってしまうケースが考えられます。それだったら、資金調達ができるのであれば、今すぐ購入してしまった方が良いという場合もあるでしょう。住宅ローンがその類ですね。結婚して子どもが生まれたので住宅を購入したいという方もいると思います。コツコツ貯金をしていたら、貯まった頃には子どもはもう家を出ているでしょう。また、「それまでに支払う家賃を考えたら、住宅が買えていたね」ということにもなりかねません。

次に**投資や事業のための借金**。これは会社員の方でいえば、不動産投資をするための借入などを指します。収益不動産を購入するために金融機関から借入をする。当然、不動産自体に担保価値がありますから、いざとなれば不動産を売却して借入を返済することもできます。もちろん物件の立地など細かい条件を見ないといけませんが、良い物件を購入するための借金であれば、それは良い借金と言えるでしょう。また、独立起業する際に、資金調達の一環として金融機関から借入をする。自己資金だけでは大きな勝負ができない場合に、**金融機関の力を借りて、事務所を借り、従業員を雇い、借入を返済していく。うまくいくことが前提ではありますが、これも良い借金**と言えるでしょう。私も今の会社を創業する際には、政府系金融機関から借入をして、当面の運転資金に充てました。成功確率をしっかりと計算できる人にとっては、**借金というのは非常に有効**

なツールになるのです。

悪い借金とは

逆に、悪い借金ですが、**最も悪いのは「生活のための借金」**でしょう。毎月の給与だけでは生活費が捻出できず、次の給与が入るまでの間に借金をしてしまうものです。消費者金融や銀行系カードローンなど、お金を借りやすい環境が整っていますが、収入が決まっている仕事で、生活のための借金をしてしまうと、そう簡単に状況は好転しません。借金返済のために新たな借金をするというドツボにはまってしまうと最悪です。もし、借金という選択肢を考えるなら、目的を明確にして、**調達した資金で自分は何をしようとしているのかを明確に**します。ここを外さなければ、借金はあなたの成長を加速させてくれる非常に大きな武器になります。

実質無借金状態が理想

世界を代表する実業家である、ソフトバンクグループ代表の孫正義氏。彼は日本で一、二を争う**大富豪ですが、同時に借金王**でもあります。ソフトバンクグループの決算書を見てみると、2020年3月末時点の有利子負債（借金）は17兆円にも上ります。しかし、同時に26兆円の有価証券（上場株式）を保有していること、また17兆円の借金のうち12兆円は、契約上はソフトバンクグループが返済の責任を負っていません。そのため実質的には5兆円の負債だというのです。つまり、すべての株式を売却すれば、いつでも21兆円の現金が残ります。もちろん株式売却時に多額の税金を支払う必要があったりしますが、これこそが大事な考え方で、借りられる人はたくさん借りましょうというのは間違ったアドバイスではありません。ただし、実質無借金状態を維持することが重要になってきます。要は、**保有資産をすべて売却すれば、借金をゼロにできる**こと。

他にも、借金と同時に資産を増やす必要があるなど、**いくつかのルールをしっかり押さえて、うまく借金と付き合う**ことができるようになると、あなたの成功は一気に加速していきます。実際に孫正義氏は、借金とうまく付き合うことで、数千億〜数兆円単位の企業買収を連発し、会社を大きく成長させてきました。国内企業としてはトヨタ自動車に次いで2社目となる、純利益1兆円を達成するまでのスピードは、トヨタ自動車が67年に対して、ソフトバンクグループはわずか36年でした。これこそが借金で成長を加速させた実例でしょう。

Point

- ◆低金利で調達して、金利以上の利回りで運用する
- ◆良い借金と悪い借金を見極めることが大事
- ◆実質無借金状態を作る

DAY 3

明日のお昼は高級フレンチを食べにいこう！

高級フレンチはランチがお得

あなたは毎日どんなランチを食べていますか？　周りの方にヒアリングしてみると、大体ランチの予算は1000円という方が多いようです。もちろん、毎日発生するランチ代はなるべく安く抑えたいという気持ちも分かります。ただ、たまには高級フレンチを食べることも大事です。それはなぜか。

結論からいうと、**ランチタイムに提供している高級フレンチは非常にお得**です。ディナータイムだと客単価2～3万円くらいする高級店が、なぜかランチタイムだと数千円だったりします。夜はそこそこ高い割烹料理屋さんもランチタイムには1000円で美味しい定食を出してくれます。これはなぜだと思いますか？　ちょっと考えてみましょう。答えは無限にあると思いますが、私が考える4つの答えを紹介しましょう。

なぜランチがリーズナブルなのか

Ⅰ　固定費がかかるので少しでも売上回収

高級店の多くは一等地に店舗を構えています。となると、そこには膨大な家賃が発生しています。「どうせ変わらず固定費がかかるのだから、少しでもお店を開けて売上を回収したい!」と思うのが普通です。**変動費（仕入原価、新たに発生する人件費）を上回る収益が見込めるのであれば、ランチを提供することで利益が増える**わけです。

Ⅱ　お店の認知向上

いわゆるフロントエンド（FE）商品という考え方です。マクドナルドでいう100円マックですね。要は、それ単体ではほとんど利益が出ないが、**他の商品の購入につなげることで利益回収をしていくという考え方**です。マクドナルドの例だと、ついでに紹介されるコカ・コーラなどの飲み物です。飲み物は原価率が圧倒的に低いので、100円マックだけではなくコーラをセット販売することで利益を得ているというわけです。飲食店の場合に、まずは敷居の低いランチで満足してもらって、本命のディナーでお金を使ってもらいたいというのが狙いです。

Ⅲ　食材の廃棄ロスを防ぐ

次に、飲食店特有の問題。スーパーが賞味期限の迫った商品をタイムセールで安売りするのと全く同じ理屈です。どうせ食材ロスが出るのであれば、メニュー数を絞って（ランチの選択肢が少ないのはこれが理由）、ランチで安く提供しようというものです。**前夜に残った食材をリーズナブルな価格で提供して、廃棄せずにいくらかは利益を回収しよう**ということです。

Ⅳ　現金決済率が高まる

最後に挙げるのがこちらです。頭の中がクエスチョンマークでいっぱいになった方。ちょっとビジネス視点が抜けてますよ。ランチタイムは**現金のみ利用可能というお店が多い**と思いませんか？　ディナーは高単価になるので、クレジットカードを利用可能としていますが、ランチは一人あたり1000円～2000円です。しかも、割り勘率が非常に高い時間帯です。となると、顧客満足度はそれほど下げることなく、現金決済に誘導できるわけです。これがどんなメリットにつながるか、お店側の視点に立って考えてみましょう。クレジット決済だと、キャッシュフローサイクル、つまり実際にお店に現金が入るタイミングが数日～1カ月遅れます。これはクレジット決済代行会社がいったん売上を回収して、そのあとに決済手数料を引いた金額をお店に対して支払っているからです。さらに、決済手数料が3～4％ほどかかるので、平均の営業利益率が10％未満である飲食店からすると大きな金額です。普段、何も考えずにクレジット決済をしていますが、実は店舗側が手数料を負担してくれているわけです。ですから**現金決済に誘導できるランチはキャッシュフロー上、メリットがある**のです。

ランチで経済と超一流を学ぶ

今挙げた4つ以外にも、アルバイト人材が確保しやすい（長時間働ける人材を集めやすい）などの理由もあると思います。何にしても、ディナータイムは超がつくほどの高級店だったとしても、ランチタイムは非常にリーズナブルに、変わらないクオリティの食事を提供してくれるお店がたくさん存在します。ただ楽しく、同僚とおしゃべりしながらランチをとるのもいいですが、**同じ食事をするなら常に「なぜだろう？」と疑問を持つことで、世の中のお金の流れやビジネス感覚が身についていく**はずです。また、お金を1円でも使うのであれば、常にコストパフォーマンスを考えるべきです。どうせだったら、数千円で数万円のコース料理の味を楽しんでみたいと思いませんか？　私はそんな理由から定期的に高級店のランチに通うようにしています。前述の通り世の中の勉強になるということもありますし、コストパフォーマンスに優れた食事を取りたいという打算的な考えもあります。

もう一つ理由があって、**若いうちに超一流の体験を重ねておくと、人生が豊かになる**という考えがあります。例えば、旅行に行くときもそうです。中途半端な宿に泊まるくらいなら、一泊5万円、10万円する高級宿に泊まって、他の日を思い切り安く済ませる。こういうお金の使い方をすることで、人生の経験値が高まっていきます。極力若いうちに超一流の技術に触れる、超一流の体験を積むことを意識して、有効なお金の使い方をしましょう。

Point

- **常に世の中のお金の流れを考えるクセを付ける**
- **お金を支払うときは常にコストパフォーマンスを考える**
- **なるべく若いうちに超一流の環境に触れる。超一流の体験を重ねる**

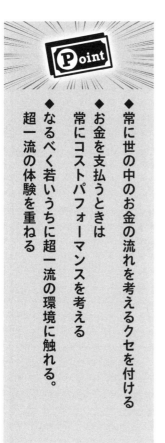

DAY 4

収入を増やしたければ家政婦を雇え！

自分の労働を時給換算してみる

お金を貯めたいからなんでも自分でやるようにしている、という方によく出会います。一見正しいように聞こえるこの考え方、私は大反対です。もしあなたが今よりもっと収入を増やしたい、資産を増やしたいと考えているなら、**家事は家政婦さんにお願いするか、家事代行サービスを使うようにしましょう。**これも重要なマインドセットです。

あなたのすべての時間に対して時給換算したとします。もしあなたが年収700万円の会社員だったと仮定しましょう。その場合、時給はいくらになるでしょうか？　簡単です。**〈年収／年間総労働時間〉で計算できます。**厚生労働省が実施した「平成31年就労条件総合調査」によると、年間休日の平均日数は約109日だそうです。つまり、〈365日－109日＝256日〉は仕事をしていることになります。1日あたりの平均労働時間が8時間だとすると、あなたが仕事に従事している時間は1年間に2048時間となります。分かりやすく2000時間とすると、年収700万円の方の時給は3500円です。つまり、あなたは**1時間に3500円の価値を生むことができる人材なんです**。

それが分かると、日々の生活が少し変わってきませんか？　例えば、自分がやれば3時間かかってしまう家事があったとします。この時間にあなたが失っている目に見えない損失は〈3500円×3時間＝1万500円〉になります。これは実際には目に見えないコストであるため、実感が湧かないかもしれません。しかし、副業や投資を始めてみると、自分の時間が非常に尊く、有限であると気付きます。会社勤めで年収700万円をもらえている優秀な方であれば、**副業を始めてみたら、間違いなく時給3500円以上の収入を得ることができます**。実際は、家事代行サービスを週1回、1回当たり2～3時間頼む場合、東京都内の相場でいうと、交通費込みで月に2・5～3万円ほどかかります。この金額を安いと思える方は、**家事を外注化して、自分の限られた時間を最大化する**という選択肢もあるのではないでしょうか。

家事代行サービスは時間と雇用を生む

また、最近は共働きの家庭が多いと思います。そんな家庭ではぜひ、家事代行サービスや家政婦さんの導入を検討してみてください。世の中には、共働きにもかかわらず、奥さんだけが家事を担当しているケースも少なくありません。それじゃ、家庭はギクシャクしますよね。私は**奥さんには自分の大切な時間を趣味や勉学など、人生を充実させるための有意義な時間に充ててほしい**と思っています。そのためにも、世の中にあるサービスをうまく使い、家庭全体で時間を創出することをオススメします。こういうことを言うと、「雑用をお金で解決するなんてけしからん！」という声が飛んできそうですが、人には役割があります。家事代行サービスにしろ、家政婦さんにしろ、立派な仕事として成り立っています。あなたが支払うお金によって生活している人がいるわけです。少し大げさな言い方をすれば、雇用の創出をしているわけです。会社には受付のお姉さんもいれば、掃除のおばさんもいる。警備のおじさんも、社長も、みんな一つの会社で働いているわけです。そして、役割に応じて収入が決まる。これが資本主義社会のルールですし、おかしなことではありません。

生み出した時間で何をすべきか

ここで少し話題を変えてみます。あなたがアパートを複数保有している不動産オーナーだったとしましょう。物件の管理を業者にすべてお願いすることであなたの時間は大幅に浮きます。しかし、その対価として家賃収入から10％の管理委託料を払わなければなりません。ここで先ほどの自分の時給を考えるわけです。年間で発生する管理業務を考えたときに、**お金を払って専門業者にお願いした方が安くつくのか、それとも自分が動いた方が安くつくのか、常にこのコスト感覚を持つべき**なんです。確定申告でも同じです。自分でやろうと思えばできます。ただし、そこに多くの時間を取られてしまうのであれば、思い切って税理士に依頼することも検討すべきでしょう。

すべてを外注化する必要はありませんが、あなたの時間は有限です。人生で達成したい夢がいくつもあるのであれば、ほとんどの仕事を第三者に任せなければ時間はいくらあっても足りません。私はあるときこれに気付いてから、ほとんどの仕事を他人にお願いするようにしました。従業員を雇用することも同じです。それぞれの役割を全うするとチームは一気に加速していきます。伸びている会社の社長は自分で給与計算なんて絶対にしていないわけです。請求書のやりとりや振り込み業務も同じです。経理担当社員を雇いますよね。もっというと、領収書の仕分けや様々な入力業務などは社外に外注することもできます。他の人に任せられることはすべて任せて、自分は自分にしかできない時間の使い方をしましょう。この感覚を身につけると人生は一気に加速していきます。

重要なのは、**外注化して空いた時間を有意義な活動に使う**ことです。お金を払って家事を外注化して、自分はダラダラと家で寝ていたら全く意味がありません。せっかく家族の時間ができたのだから、リフレッシュのために家族と一緒に映画を観にいくとか、副業の時間に充てるなど、投資した金額以上のメリットを回収できるかどうかが大事です。まずは時間を作ること。次に、その時間で多くの価値を生み出せるように様々なチャレンジをしてみましょう。

Point

- ◆自分の労働を時給換算してみる
- ◆外注化できることは他人にお願いする
- ◆空いた時間で自分にしかできないことをする

DAY 5

カードゲームが強い人は運に頼らない

トランプは運ではない

あなたは自分は運が良いと思いますか？　実は私は小学校の卒業アルバムに「運が良さそうな人」3位という勲章を頂いたことがあります。今でも、周りの方から「お前は運がいいよな」と言われることがあります。評価していただくことはありがたいのですが、私は**運の存在を否定しています。自分の人生に起きることはすべて自分の選択の結果**だと思っています。何が起きても、運が良かった、運が悪かったとは思わず、事前準備の結果と捉えているのです。

一つ例を挙げます。私はよく会社のメンバーとトランプを使ったカードゲームをやるのですが、メンバー内にカードゲームの猛者がいます。どのようなルールのゲームをやっても、カードの引きが非常に良いのです。一見すると幸運の持ち主に思えます。ただ、冷静に分析してみると、彼は運が良いのではなく、場に出たカードをすべて記憶しているのです。記憶しているからこそ、確率論で裏返しになっているカードが何なのか、ある程度の推測ができるわけです。あくまでも確率論なので、絶対はありませんが、何も計算せずにゲームをしている他のメンバーと比べたら、いわゆる運が良い展開が多く訪れるのは当然と言えるでしょう。

交通違反も事故も運ではない

私の例も一つ紹介します。私の運転免許証はゴールド免許です。車に乗る機会は多いですが、10数年、違反で捕まったことがありません。この事実を知って、「お前は運が良い」と言う人もいます。

知人の運転で、私は助手席に座り、高速道路を猛スピードで走っているときに、急に後ろの車がサイレンを鳴らして停車を促してきたこともあります。覆面パトカーです。こういった経験をすると、運が良い、運が悪い、という話になりそうですが、私はそれでも運なんてないと思っています。

私が何を考えながら車を運転しているかを紹介しましょう。実はバックミラー、ルームミラーを数秒ごとにチェックするのはもちろんですが、**覆面パトカーに遭遇しないように細心の注意**を払っています（もちろん、法定速度内で走っていますよ！）。どのような注意をしているかというと、**通りごとに覆面パトカーが発生する頻度や確率といったデータベースが頭の中に入っています。**また、時間帯によっても異なるので、この通りはこの時間に覆面パトカーの発生率が高い、などと記憶しているのです。また、都道府県の管轄ごとに覆面パトカーの車種を記憶しているため、後ろから近づいてきた車が一般車なのか、覆面パトカーなのかを瞬時に見分けることができます。もちろん、一般道、高速道路の頭上に備え付けられている速度違反自動取締装置（オービス）の設置場所も把握していますし、スピードが出すぎていないかどうかを常にチェックして運転をしています。膨大な量のデータベースがあり、そのデータを基に細心の注意を払って運転していれば、違反で捕まることなどありえないというのが私の考え方です（繰り返しますが、道路交通法はしっかり守って運転しています！）。

車の運転で考えるのであれば、信号に引っかからずにスムーズに運転できるというのも私の特技です。これは運が良いのではなく、信号機のタイミングがある程度頭の中に入っているからです。急ぐべき区間、ゆっくり走ってもいい区間を計算しながら車を運転しているので、信号に引っかからずにスムーズに目的地に到着できます。

他の例で考えてみましょう。例えばあなたが道を歩いているときに頭上から物が落ちてきて、頭を直撃したとします。この出来事を「運が悪い」と捉える方もいるでしょう。しかし、冷たいように聞こえるかもしれませんが、私は**運が悪いとは思いません。自業自得だと思う**のです。私は工事中のビルの横を歩くときは、わざわざ反対の歩道まで行って横切るようにしています。万が一の事態が起きたときに、自分の力では防ぎようがないので危険から距離を置くのです。

運を自らコントロールする

ここまでたくさんの例を出してきましたが、何を言いたいかというと、**運はコントロールできる**ということです。これは仕事でも同じです。ちょうど良いタイミングで求めていた人から連絡が来るのは、運が良いからではなく、来たるべき日のためにコミュニケーションを継続していたからでしょう。例えば、定期的に自分の思いをSNSなどで発信していると、困ったときにちょうど良いタイミングで手を差し伸べてもらえるようになります。一切、自分から発信していなければ、こんなことが起こるわけありません。私たちは自分の人生に責任を負わなければなりません。豊かな人生にするのも、貧しい人生にするのも自分次第なわけです。それであれば、他人から見て「お前は運がいいな！」と言われる出来事が連発する人生の方がいいじゃないですか。間違いなく言えることは、運は自分でコントロールできるということです。

そのために大事な考え方として、**「運が悪い」とか「〇〇だから仕方ない」という言葉を一切使わないこと**です。何があっても自分のせい。何があっても自己責任。自責思考などと言いますが、このように捉えることで自分の周りに起きるすべての出来事をコントロールしていくことができます。投資や資産形成で失敗してしまうのは運が悪いからではありません。景気が悪いからでもありません。**自分自身の準備が足りていないから**です。すべての選択に責任を持つようになると、次第に「運が良い」出来事が起こるようになります。こうなると人生は本当に楽しくなるので、まずは思考から変えていきましょう。

Point

◆運は自分でコントロールできる
◆一見、幸運に見える人は圧倒的な努力をしている
◆自分の身の回りに起きるすべての事象を自分の選択の結果であると捉える

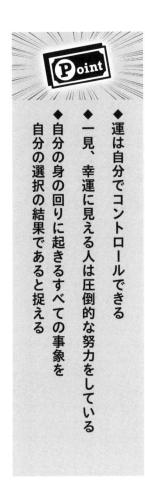

DAY 6

誰もが自分の人生の経営者

「株式会社自分」を経営する

私はよく「若いのに会社経営しているなんて、すごいですね！私には絶対できません」と言われます。もちろん、褒めていただく分には嬉しいのですが、「ありがとうございます！ さらに精進いたします」なんて言いながら、心のどこかで「ご自身の将来は大丈夫かな……」と心配になります。なぜなら、**普通に会社にお勤めのサラリーマンでさえ、実は経営者**だからです。一度きりの人生をどのように舵取りするかという点で考えると、法人であろうが、個人であろうが、立派な経営だと思うのです。だから、「経営だなんてすごい！」とか、「そんなのできません！」と言っている方は、恐らく自分の人生を真剣に考えたこともなければ、個人における財務諸表を作ってもいないのだろうと思ってしまうのです。決算をせず、数字を確認せずに運営している法人が存在しないのと同じで、個人でもそのような無頓着な生き方をしていたら、必ずいつか行き詰まることになります。それが近い将来なのか、老後になってからなのかは分かりませんが、遅かれ早かれそのときは必ず来てしまうのです。そんなふうにならないよう、「株式会社自分」を経営するにあたっての大切な考え方と具体的にとるべきアクションをレクチャーしましょう。あなたはあなた自身の人生の代表取締役ですからね。

まずはお小遣い帳をつけることから

さて、個人を経営するといっても、何から始めたらいいのでしょうか。私は過去に全くのゼロからの創業を2回経験しています。その過程で学んだことを共有しますと、**個人の人生をより良くしていくプロセスと、会社を永続させていくプロセスは全く一緒**だということに気付いたのです。

企業経営というのは毎日が数字との戦いです。創業間もない頃は毎日のように預金通帳の数字を見ながら胃を痛くするものです。あなたがもし毎月一定額の給与を会社からもらっているのであれば、そこまでの状態ではないと思いますが、やるべきことは全く一緒。しっかりと自分の現預金をチェックすることが大事です。企業経営では財務三表が用いられています。貸借対照表（BS＝バランスシート）と損益計算書（P／L＝ピーエル）とCF計算書（CF＝キャッシュフロー）です。企業経営者はこの三つの推移を逐一見ながら、経営の舵取りをしなければなりませんが、個人に置き換えたとき、ここまで難しく考える必要はありません。まずはCF計算書だけをチェックすればいいでしょう。

CF計算書とは、簡単にいうと現金の出入りのことです。入金と出金の流れですね。私はよくCF表（キャッシュフローヒョウ）などと呼びますが、もっと簡単な言葉を使うのであれば、お小遣い帳のことです。誰でも付けたことがありますよね。一番左に項目を書いて、次に入金額、その隣に出金額を書いていくアレです。私が会社経営を通じて得た大きな学びの一つに、**計測なくして改善なし**という考え方があります。計測していないことを改善することはできないので、自分のお金をより増やしていこう、老後の資金を作っていこうと考えるのであれば、まずは現状を計測することから始めるべきです。

眠らせている預貯金を動かすために

ここで非常に重要なことをお伝えします。常に計測していれば、現金の収支を計測するのと同時に、余剰資金がどれくらいあるかリアルタイムで把握できるようになります。ここで次にやるべきことは、**余剰資金を資産形成に回していくこと**です。日本人は預貯金ばかりしているとよく言われますが、まさにその通りで、実際に日本の家計金融資産に占める預貯金の割合は2020年現在で53%と言われています。これが米国だと13%まで下がります。預貯金の割合は低いですが、株式や債券などの金融資産や、不動産などの現物資産にしっかりと分散して資産形成をしているのです。資産は増減があります。**一時的に減ってしまうことを恐れて何もやらないよりも、減ったり増えたりを繰り返しながら、着実に資産形成をしていくというのが正しい経営**です。国内メガバンクの定期預金の金利が0・01%の時代ですから、預貯金をしていてもお金は全く増えていきません。

図2 家計金融資産構成の国際比較（2019年/令和元年）

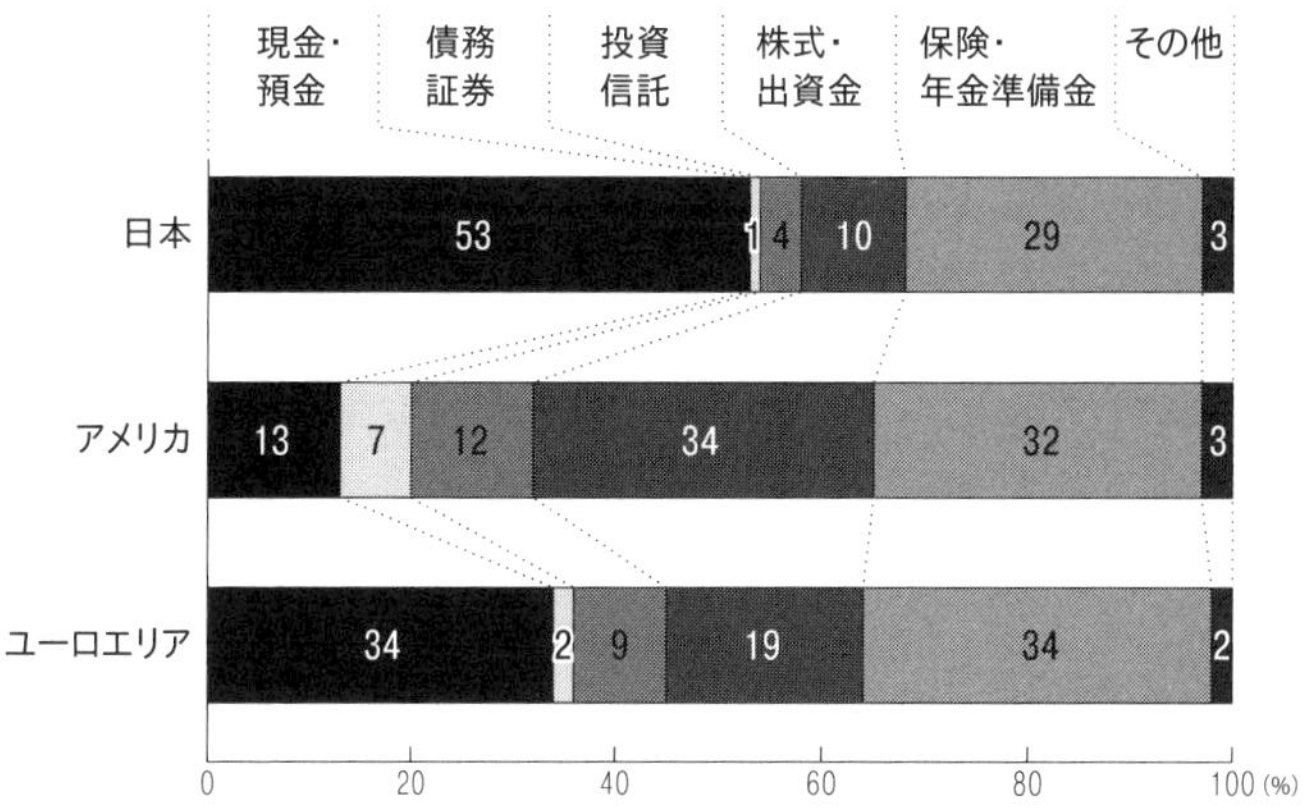

※データはいずれも2019年3月末現在　※四捨五入しているため合計が100になりません
出典元：日本銀行「資金循環の日米欧比較（2019年8月29日掲載）」

ここで考えていただきたいのが、預貯金を資産形成に回したとしてもあなたの総資産残高は変わっていないということです。図2をご覧ください。左側にたんまりと貯まった現預金を右側に移していくことで、資産を増やすことができます。左側の現預金は一切増えませんが、右側の金融資産や各種資産は増やすことができるのです。つまり、**「預貯金をすべて使おう！」ということではなく、「眠らせている預貯金を働かそう！ そして、資産全体を膨らませていこう！」**というのが正しいアドバイスになります。また、資産形成といっても、流動性が低いもの（現金化しづらいもの）から高いもの（現金化しやすいもの）まで様々な運用に分散することで、いざ現金を増やしたいと思ったときには、右側を解約して左側に移せばいいだけの話なのです。CF表でも現金収支とあわせて、自分の総資産残高を把握できるようにすれば、資産が増えていく実感を得ることができるでしょう。

相談できる専門家を雇う

最後に、あなたが「株式会社自分」を経営する上で、最も大事なアドバイスをお伝えしますが、その前に質問です。**社長は一人で会社を回していますか？** そんなことはありませんね。確かに、今は起業のハードルが低くなったこともあり、従業員を雇わない、一人社長という働き方もあります。そんな方でも、恐らく税理士、会計士などが顧問として付いているのではないでしょうか？ でないと、年に一度の決算を締めることができません。では、個人であるあなたはどうでしょうか？ 誰か専門家を雇用していますか？ 顧問がいますか？ 国内を見渡してみるとほとんどの方が、専門家を付けていません。ちなみに私は個人的にも様々な専門家に報酬を支払って、周りを専門家集団で固めています。会社が顧問税理士、会計士、社労士、弁護士を付けているのと同じで、個人でも各専門分野にアドバイザーがいます。

「株式会社自分」の業績（毎月の収支や資産総額としましょう）を高めていきたいのであれば、まずは考え方を変える必要があるかもしれません。お金を支払ってでも、**専門家を雇用**したり、そこまでしなくとも、何かあったときに**相談できるパートナーは作っておく**べきでしょう。人生を豊かにする上でお金の専門家、健康の専門家くらいは必要不可欠な存在かと思います。そして、どうせなら、伸びている会社に相談をした方がうまくいくのと同じように、人生を満喫している専門家に相談することが大事です。ぜひ、あなたも「株式会社自分」を最高な会社にしていくためにも、専門家とのパイプを作っていきましょう。

Point

- **「株式会社自分」代表取締役あなたという意識を持つ**
- **CF表で現金の出入りと総資産残高を管理する**
- **会社経営と同じように各分野の専門家を雇う**

DAY 7

若いうちに預貯金に固執してはいけない

預貯金をしていた若い頃

前節で、預貯金比率を調整しましょうという話をしました。預貯金が増えても、資産は増えないという話です。実はそれ以外にも**預貯金がいけない理由がいくつかあります。**なぜ預貯金が良くないのでしょうか。インフレ（物価上昇）に弱いから？もちろんそれもあります。ただ、私が預貯金をオススメしない一番の理由は他のところにあります。

預貯金ばかりしていると人生が暗くなるからやめなさい、とセミナーなどではよく話すのですが、そんな私も昔は預貯金大好き人間でした。20代前半の頃など、手取り収入の8割ほどを預貯金に回していました。ほとんど遊びもせず、無駄なお金は一切使わずにコツコツ預貯金をする日々。気付けば20代前半にして結構な金額が貯まりました。正直、預貯金額でいったら会社をそれなりに成長させて順調に過ごしている今よりも多かったと思います。しかし、私は絶対に当時に戻りたくありませんし、当時の自分に会ったら、「貯金なんてやめなさい！」と声を大にして言うでしょう。

預貯金に固執してはいけない本当の理由

その理由の一つ目が、**預貯金が多くなってくると人は錯覚を起こしてしまう**点です。俺はできるやつなんじゃないかと。そして、若くして銀行口座にはこんなにお金があるんだぞというふうに態度が傲慢になります。「それはあなたの性格が悪いからであって、私はそんなことはない！」という反論が聞こえてきそうですが、人は預貯金が多ければ多いほど、心に変な余裕が生まれるのは間違いありません。「このままお金を貯めていけば、何歳でいくら貯まって……」と皮算用を始めるのです。計画的な預貯金といえば、聞こえがいいかもしれませんが、実はこれ、あなたが自分でお金を生み出す力をじわじわと失っているのです。若いうちはしっかりとお金を使って、未知なる体験をたくさん積むべきです。毎月の給料が増えていけば自動的に預貯金はできるようになりますから、まずは自分自身にたくさん投資をして、よりレベルの高い自分を目指していくべきです。

他にも**預貯金が大好きな人は、投資で失敗をしてしまうことも**

多いです。これは第三者機関が発表しているデータではありませんが、うちの会社が日々何十名という方のお金の相談を受けている中で導き出されたデータです。例えば、2017年末に仮想通貨が盛り上がりました。ビットコイン、リップル、イーサリアムという仮想通貨を購入して、毎日のように値が上がり、一気に資産を増やした方もいます。その後、どうなったかは記憶に新しいですね。この頃、私たちのもとにもよく仮想通貨の相談が来ていました。うちのスタンスとしては、ボラティリティ（変動）の激しいものはお客様に損をさせてしまう可能性が高いのでやらないという明確なルールがあるのですが、中には私たちの忠告を聞かずに、高値で仮想通貨を買ってしまう方々がいました。その共通点が、**預貯金ばかりしていて、他の運用をほとんどやったことがない**というものでした。自らの事業で稼いだお金ではなく、毎月もらう**給与をコツコツ貯めてきたタイプの方は、お金の増やし方が分からない**のです。結果として、旬な投資が現れたときに、乗っかるタイミングが遅かったり、資産全体に占める割合を間違ってしまうケースが非常に多いようです。もちろん例外もありますが、私自身がかつてそのような経験をしたので、非常に気持ちが分かるのです。

お金を働かせ経験にお金を使う

また、**預貯金ばかりしている人は性格が守りに入ってしまう**傾向にあります。将来が怖いから預貯金をする。預貯金ばかりしていてお金をあまり使えないからストレスが溜まる。貯めているお金は増えていくわけではない。毎月、給与から一定金額を貯めていき、増えていく通帳の数字を眺めることで安心する。こんな方が結構多いように感じます。面白いのが、私が「預貯金をやめましょう」と言うと、最初はみな怖がるのですが、**堅実な資産形成をスタートして、お金がお金を生むという経験をすると、みな性格が明るくなっていきます。**今持っている資産が大幅に変わったわけではないのですが、お金を働かせて、お金が増える経験をしたからだと思います。つまり、預貯金は人の性格を暗くしてしまう悪い力を持っているのです。事実、私は当時よりも預貯金額は少ないですが、無一文になっても立ち直れるだけの力を付けることができたので、今の方がよっぽど幸せですし、将来に対する不安も一切ありません。

預貯金ばかりしていると、変な安心感が出てくるという話をしましたが、それをなくすためにも**毎月一定額を積み立て投資などに回してみましょう。**常にある程度の危機感を持ちながら、気付いたらしっかりと資産が増えていたという状態が理想だと思います。若いうちから積み立て投資をやっていると、時間という武器が使えるので、複利の効果でどんどんお金が増えていきます。そして預貯金をするよりも、しっかりと体験や経験にお金を使うこと。そうすることで後から振り返ったときに大きくお金が増えているはずです。

Point

◆預貯金が多い人ほど、一過性のバブルに乗ってしまう傾向にある
◆若いうちは経験や体験にお金を使う
◆同時に将来に対する積み立てをやっておけば完璧

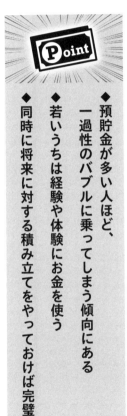

DAY 8

無知は罪

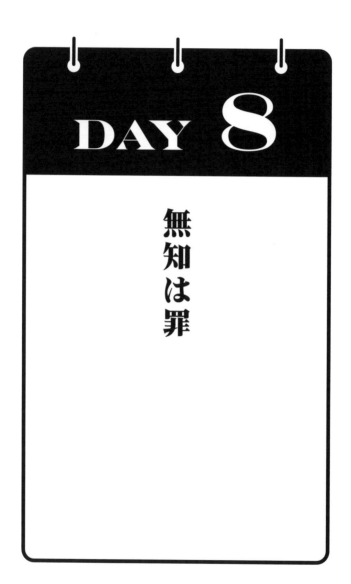

学び続ける人生

福沢諭吉が『学問のすゝめ』の中で言っています。「学びて富み、富みて学ぶ」と。この言葉、まさにその通りだなと思います。**知識を付けることで豊かになり、豊かになることでまた知識を付けていく。**このサイクルを回していくことで、人生はどんどん豊かになっていきます。私はセミナーで話す機会が多いのですが、やはり学びに来る人は伸びます。失敗が減ります。結果的にお金が増えます。逆に、学びに来ない人は知識がないので失敗します。お金を失います。

私の過去を振り返っても、学び続ける人生でした。学べば学ぶほど豊かになるし、豊かになるからこそ、さらに学びや情報のインプットに投資ができる。このモードに入ると向かうところ敵なしになれるのです。ただし、最初から順風満帆だったわけではなく、私は高校入学後、すぐに中退したような人間です。それでも、社会に出てからずっと学び続けてきたおかげで今があると思っています。逆に言えば、コンプレックスがあったからこそ、寝る間を惜しんで学んできたと言えるかもしれません。**無知はダメです**。失敗して、自分が不幸になるだけでなく、周りの方にも迷惑をかけます。大切な人を悲しませることになります。だから学びましょう。まずは学ぶこと。ここからすべてがスタートします。

豊かになるために学ぶべきこと

私が思うに、**まずはお金のことを学ぶべき**でしょう。日本では義務教育の中でお金のこと、経済のことをほとんど学べません。大学でも、学科によってはほとんど学ばない場合もあります。環境がそうだからと諦めていたら何も変わらないので、自らの意思で能動的に学んでいく必要があります。私のオススメは、**まずは本を読む**こと。経済的に満たされている人はどんなことを考えているのか。書籍などの疑似体験でもいいので、彼ら彼女らの思考に触れることです。周りにそういった成功者の方がいればより良いのですが、そのようなケースは珍しいでしょう。私も二十歳前後のときは、経済的に成功した方々の書籍を読み漁っていました。そして、本に書かれている習慣を真似してみたり、行動してみたり。そんなことをしながら、少しずつ**成功者のマインドセットを吸収**していったのです。

「書籍以外にオススメはありますか？」と言われたら、私は間違いなく**実際に会いにいく**ことをオススメします。個別で時間をとってもらうのは難しいと思いますので、セミナーや講演会でも構いません。実際に**自分よりも先を行っている人、自分が目指している人生を既に手に入れている人**を探して、自分から会いにいくのです。アクションせずにじっとしていては何も変わりません。自ら動くことが大事です。

先人からの学び以外でいうと、例えば私は**スマートフォンからも相当な知識量を日々インプット**しています。書籍は紙の本も読みますが、メインは電子書籍です。kindleアプリをダウンロードし、電車での移動時間などで読書をしています。ただ、移動中は各所へのメール返信だったり、書類の確認だったり、仕事に追われていることも多いです。そんなときは**耳で読書**をしています。「耳で読書？」と思われた方は、ぜひインターネットでオーディオブックと調べてみてください。Bluetoothイヤホンとオーディオブックの組み合わせがあれば、手を動かしながらでも読書ができるのです。ジャンルについては何でもいいと思います。いきなり難しい経済学の書籍を読んでも頭に入ってこないでしょうから、まずは先ほど書いたように自分の先を行っている人を一人見つけましょう。ロールモデルといいますが、自分の中でのお手本を見つけて、その方の書籍をひたすら読んでいれば十分に成長することができるでしょう。

また、**毎日チェックすべきアプリ**も紹介しましょう。私は**日本経済新聞電子版**と**NewsPicks**、**ZUU online**を日々チェックしています。スマートフォンのホーム画面に「学び関係」というグループを作成して、その中にまとめています。**お金のこと、世の中のことを学ぶため**に、どれも必須なアプリです。あとは著名人のYouTubeを見たり、メールマガジンも何名かはチェックしています。例えば、ある税理士が書いているメールマガジンをずっと読んでいますが、おかげさまで税金関係の知識もだいぶ付きました。

このように、各分野の専門家が発信している情報を定期的にチェックすることは自身を成長させる上でとても有効です。私も日々メールマガジンやブログ、Twitter、Facebook、YouTubeなどで情報提供をしています。私があらゆるところでインプットしてきた情報の中から、本当に使える情報だけを厳選してアウトプットすることで、皆様の時間を少しでも削減できればという思いで発信しています。ご覧いただいたことがない方は、ぜひ私の名前でネット検索し、チェックしていただけるとメリットを感じ取っていただけると思います。

学びすぎてはいけない？

ここまで学びの重要性を書いてきましたが、例えば、「資産形成、資産運用でお金を増やそう！」と思うのであれば、**学びすぎないことも大事**です。「え?!」と驚かれてしまいそうですが、物事にはバランスというものがあります。情報が入りすぎることで、動けなくなってしまうことがあるからです。イメージしてみてください。あなたが脱サラをして起業を考えているとします。「起業前にたくさん勉強しておけば、失敗確率を減らせるはずだ！」。こう思うのは自然な流れですし、確かに半分は合っています。ただ、あまりに詳しく学びすぎても、正直意味はないと思います。意味がないどころか、**余計な知識が邪魔をして行動できなくなってしまう**ケースもあります。例えば、私は新設法人の生存率（倒産せずに生き残っている確率）など全く知らずに起業しました。諸説ありますが、設立1年以内に廃業するケースが50％近くあると言われています。こんなデータを知っていたら、「起業って怖いものだ……」と思い込み、動けなかったでしょう。また、「経営能力を付けるためにＭＢＡ（経営学修士）を取得しよう！」と思って勉強を始めていたら、今もまだ勉強だけして経営はしていないでしょうし、ＭＢＡを取得したから事業が軌道に乗るなんて保証はどこにもありません。むしろ、私の肌感覚でいうと創業経営者は、頭脳明晰というよりは人間力に長けているタイプの方が多いのではないかと思うほどです。つまり、学びすぎてもいいことはないのです。無知はいけませんが、ある程度**学んだらまずは行動してみる。そして、行動**

を振り返ってまた学ぶ。これの繰り返しで理想の自分に近づいていけるのではないでしょうか。ぜひ、この考え方を取り入れてみてください。

Point

- **人生を豊かにするために勉強する。無知はダメ**
- **セミナーや講演会、書籍、スマホアプリなど様々な方法で情報のインプット**
- **学びすぎもいけない。頭でっかちにならない**

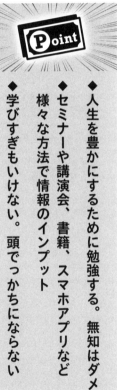

DAY 9

クレジットカードを使って旅に出よう

人生を豊かにしてくれる旅

日本人の一人当たりの平均旅行回数は年間何回だと思いますか？ある統計調査によると、国内旅行は約2・56回で、海外旅行は0・13回だそうです。印象としてはだいぶ少ないですね。**旅は間違いなく人生を豊かにします。**新しい景色を見る、新たな場所に行って経験を積む。日々の悩みが解消したり、新たな文化に触れることでひらめきが生まれます。また、東京ではせかせかと仕事ばかりしている人も、地方に旅行して現地のおじいちゃん、おばあちゃんと話すことで、心のゆとりが生まれたという経験をした方も少なくないでしょう。これらの効能は、実は脳科学的にも証明され、様々な論文でも発表されています。

そこで、**金銭的な負担なしに旅に行く方法**をお教えしましょう。

お金をかけずに旅に出る方法

クレジットカード会社などが提供しているポイントの存在はご存

知でしょうか？　利用額に応じて付与されますが、あの**ポイントをうまく活用することでほとんど自己資金をかけずに旅に行くことができます**。私はクレジットカードを複数枚使い分けていますが、基本的にはマイル還元率が高いクレジットカードに支払いを集めています。マイルというのは、マイレージサービスの略称で、各航空会社が発行しているポイントのことです。マイルが一定額貯まると、無料航空券（特典航空券）がもらえます。これをうまく活用して、私は**年に何度も無料で旅行**に行っています。

私のオススメは、**セゾンプラチナ・アメリカン・エキスプレス・カードです（以下、セゾンプラチナＡＭＥＸ）**。「年会費が高いのでは？」と思われる方もいると思います。多くの方がイメージしているアメックス・プラチナは確かに年会費が13万円（税抜き）と非常に高額です。私がオススメしているセゾンプラチナＡＭＥＸは日本の株式会社クレディセゾンが発行しているクレジットカードで、本家アメックスとは全くの別物です。そのため、年会費も２万円（税抜き）と手頃で、さらにビジネスカードを選択すると利用額が年間200万円以上で翌年度の年会費が1万円（税抜き）になります。**ポイント還元率、ポイントからマイルへの移行率などは抜群**ですが、それ以外にも**世界中の空港ラウンジが無料で利用できる「プライオリティ・パス」**が使えたり、年会費と提供サービスのバランスが非常に良いクレジットカードです。JALマイルを効果的に貯めるのであれば、このクレジットカードが一番有効です。カードが手元に届いたら、**「セゾン・マイルクラブ」**というサービスに無料登録することで、**ショッピング利用ごとに自動的にJALマイルが貯まる**ようになります。この登録を忘れてしまうとメリットが激減するため、忘れずに必ず手続きをしましょう。

ちなみに、このカードのマイル還元率は1・25％です。つまり、**ショッピング利用額200万円で2・5万マイルが貯まる計算**になりますが、これは**大人1名がエコノミークラスに乗って、沖縄に2往復**できるほどの価値になります。2名での旅行1回分ということですね。航空券として購入すると、レギュラーシーズンでも往復5～6万円で販売されているので、それが2回分というと約10～12万円分の価値になります。利用額200万円に対して、約10万円なら還元率5%ですから、ポイントにして使うよりも、マイルとして利用した方がお得です。ハイシーズンだと消化してしまうマイルの量が増えるので、オススメはレギュラーシーズンに休暇をとってマイルを使って旅行に行くことです。ハイシーズンはどこに行っても混んでいますし、ホテルや旅館の宿泊代も高くなるのでオススメしません。

より効果的なカードの使い方

また、**効果的なマイルの使い方**としては、例えば、フランスのパリまで往復する場合、エコノミークラスであれば、5万マイルほどを消費しますが、ビジネスクラスだと8・5万マイルほど。ファーストクラスでも12万マイルほどあれば乗ることができます（図3参照）。先ほどの計算でいうと、年間200万円利用で2・5万マイルが貯まると説明しました。2年間同じ金額を利用したとすると、5万マイルが貯まります。エコノミークラスの2・5倍のマ

図3 マイルはファーストクラスで使うのが一番おトク！

	必要マイル数	必要決済金額	正規料金 ＝得られる現金価値	還元率 （正規料金 ／必要決済金額）
エコノミークラス	50,000	¥4,000,000	¥400,000	10.0%
ビジネスクラス	85,000	¥6,800,000	¥1,200,000	17.6%
ファーストクラス	120,000	¥9,600,000	¥2,500,000	26.0%

※マイル還元率は1.25%、羽田とパリの往復（時期によって変動があります）

イルを貯めればファーストクラスに乗ることも可能なのです。もし、現金で支払って航空券を購入した場合、正規料金だとエコノミークラス40万円～、ビジネスクラス１２０万円～、ファーストクラス約２５０万円となります。この場合、ファーストはエコノミーの約6倍くらいですが、実際にはエコノミークラスは割引プランもたくさん出ていますから、実際の価値でいうと10倍くらいの差があります。ところが**マイルであれば約２・５倍貯めればファーストクラスに乗れます。**パリの例でいうと、12万マイルを貯めるためには年間約２００万円の利用を5年弱継続して、合計９６０万円利用すると、約２５０万円のファーストクラスの航空券が無料で手に入るわけですから、還元率はなんと26％ほどになります。厳密にいうと、マイルの有効期限は3年間なのでもう少し早いペースで貯めなければいけませんが、マイルを活用して飛行機に乗る場合、ファーストクラスがお得ということはお分かりいただけると思います。

宿泊に強いカード

では、渡航先での宿泊はどうすべきでしょうか。ホテルについてもオススメのクレジットカードがあります。それは、**スターウッドプリファードゲスト・アメリカン・エキスプレス・カード**です。通称、ＳＰＧアメックスカードと呼ばれます。ＳＰＧというのは、簡単にいうと外資系ホテルのことで、シェラトン、ザ・リッツ・カールトンなどが有名です。その他にも、ＳＰＧには27ほどのホテルブランドがあり、宿泊施設の数は全世界で約７０００を超えます。ＳＰＧはいわゆる高級ホテルのカテゴリーで、一泊あたり平均３万円程度はします。それが**このクレジットカードを持つことで、実質無料で宿泊できる**ようになるのです。年会費は3万１０００円（税抜き）と少し高額ですが、年会費を支払うタイミングで約5万円分の無料宿泊券が付いてくるので、旅行に行く方からすると実質無料とも言えます。また、部屋のアップグレードやレイトチェックアウトなど様々な特典が付いていたり、宿泊の際のカード利用は多くのポイントが付与されたり、旅行好きは絶対に持つべきカードです。

カードを使わない手はない

私は、あらゆる支払いをクレジットカードに集め、マイルを貯めたり、ポイントを貯めたりすることで、お金を払わずに旅行に行っています。もし、すべて現金で支払っていたら1円も残りません。それが**クレジットカードでの支払いに変えることで、航空券や高級ホテルの宿泊券に変わる**のです。どう考えても、支払いはクレジットカードに切り替えるべきです。

私は年会費がかかっても、それを上回るメリットが得られるクレジットカードを複数枚使い分けていますが、もっと手軽にクレジットカード利用を原資とした旅行に行きたい場合には、**楽天カード**を作成すべきです。日用品は楽天市場で購入し、株式投資も楽天証券を活用する。いわゆる**楽天経済圏を使いこなす**ことでも同じようなメリットを得ることができます。旅行に関しても、楽天トラベルがありますから、楽天カード会員には多くのメリットがあります。

セキュリティ面を気にされる方もいますが、実は現金支払いよりも**クレジットカード支払いの方がセキュリティ面も優れています。**

年会費が発生するようなカードですと、クレジットカード会社の保険機能が付いていて、旅行先でのトラブルなどで発生した損害に対して、一定額が補償されます。どうせお金を支払うのであれば、安全で、お得な使い方をしましょう。自分が使っているクレジットカードを特に意識していなかった方、またはこれまで現金主義で生きてきた方は、すべての支払いをクレジットカードに集約することを強くオススメします。

Point

- **旅行は人生を豊かにする**
- **飛行機もホテル代もマイルとポイントで無料取得！**
- **セキュリティ面でも、現金ではなくクレジットカード**

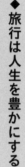

DAY 10

ふるさと納税は寄付に使え！

ふるさと納税がお得なわけ

　会社員の方が簡単にできる節税対策に、ふるさと納税がありま す。多くの方と日々話していますが、意外にもふるさと納税をやっていない方が多いことに驚かされます。まだやっていない方はすぐに試してみてください。損は一切しません。

　まず、ふるさと納税は簡単にいうと、あなたが応援したい自治体（市区町村）などに寄付をすることで、**税金の還付や控除を受けることができる制度**です。また、ただ単にお金を寄付するだけではなく、**寄付した金額の一部が返礼品という形で戻ってきます**。例えば、鹿児島県のある自治体に寄付をしたら、牛肉、豚肉が返礼品としてもらえたり、新潟県であれば、お米が返礼品としてもらえたりします。中には、ふるさとと全く関係ないような家電製品や商品券を返礼品として提供している自治体もあります。

２０１９年に大阪府の泉佐野市が、アマゾンギフト券を返礼品として配って、社会問題となっていました。その後、返礼率を30％

以内に抑えるようにルールが決まったのですが、市場価格から見るとまだまだ還元率が高い返礼品がたくさんあります。例えば、北海道のある村では、豚スライスを返礼品にしているのですが、1万円の寄付でもらえる量が、〈500グラム×8袋〉となっており、市場価格では1万円程度となり、寄付金と返礼品の金額がほとんど同じ状態です。これは返礼率が100％ということになります。

ふるさと納税が節税になるということは既にお伝えしました。イメージとしては、所得税、住民税として天引きされてしまう税金をふるさと納税という形で支払うことで所得税の還付を受け、翌年度の住民税を減額できる制度です。つまり、国に納める税金の30％程度（中には豚スライスのように100％を超える）が品物として返ってくる制度なので、利用しない理由が見当たりません。細かい話をすると、寄付金の2000円を超える部分が還付または控除される仕組みになるので、2000円だけは自己負担が発生しますが、それ以上になれば返礼品の分が丸々お得になるということです。

カードを使ったふるさと納税

さらに、私のオススメとしては、前節でご紹介した**クレジットカード決済を織り交ぜる**ことです。なんとふるさと納税はクレジットカード利用が可能です。会社員の方であれば会社側で毎月天引きされている所得税や住民税をクレジットカードで支払えるということなので、それだけでも十分なメリットがあると思います。前述の通り、セゾンプラチナＡＭＥＸであればＪＡＬマイルをたくさん貯めて、航空券を無料で獲得することができます。ＳＰＧアメックスカードであれば、リッツ・カールトンなどを含む世界７０００カ所の高級ホテルの利用券を手に入れることができます。また、ふるさと納税は**楽天カードが特にメリットが大きく**、楽天市場の中で「楽天ふるさと納税」というサイトを運営しており、このサイトで楽天カード決済をすると、ポイントの獲得率が上がったり、他の楽天系サービスとの相互メリットが様々存在します。本来であればクレジットカードのポイント還元率は１％前後なのですが、いくつかの条件を満たすことで**還元率が最大30％までアップ**します。これは返礼品を除いた楽天カードだけの還元効果です。つまり、楽天カードで決済することで最大30％の還元を受け、さらに30～100％を超える返礼品を手にすることができるわけです。ふるさと納税をやっていない方はただ税金が勝手に差し引かれているだけですが、情報を持っている方からすると、わずか2000円の負担で返礼品を手に入れ、さらには最大30％ほどのポイント還元を受けられるのです。ふるさと納税をまだやっていない方は今年から絶対にやっておくべきだと断言しておきます。

オススメの納税方法

最後に、私が毎年どこに寄付しているかを少しだけ紹介しておきましょう。そもそも、ふるさと納税は所得に応じて納税できる額が決まっています。元々、納めている税金（所得税、住民税）の範囲でしか節税にならないわけですから、それを上回る金額を寄付すると節税効果はなくなり、本当に寄付になってしまいます。もちろん、寄付は素晴らしい行為ですが、金銭的なメリットはありません。なので、まずは**自分の所得でいくらまで寄付が可能かを計算**します。インターネットで「ふるさと納税　シミュレーション」と検索して出たサイトですぐに算出できますので調べてみてください。その金額が分かったら、**半分は欲しい返礼品を探す**ようにしています。私は家電製品や商品券などでは自治体に貢献できている気がしないので、本来のふるさと納税の趣旨に則り、その**地域のオススメの食材などを探す**ようにしています。前述しましたが、私は旅行が好きなので、ここ数年はもっぱら旅行ばかりです。地方の温泉旅館の宿泊券を返礼品としてもらって、その地域にしっかりとお金を落としています。そして、残り**半分のお金は純粋な寄付**をしています。例えば、2019年であれば沖縄県の首里城が火事で全焼してしまいました。また、台風によって甚大な被害を受けた地域もありました。こういった本当に寄付を求めている地域に対して、実際に寄付をすることもできます。これもふるさと納税の仕組みの中でできることなので、半分は返礼品を得るために、半分は寄付のために、そして支払いは当然クレジットカードにまとめる。これが私のオススメするふるさと納税の方法です。

普段、寄付する機会はなかなかないと思いますので、どうせ支払う税金の一部を、ふるさと納税という形で寄付して、災害の復旧などに充ててもらえたら嬉しいと思っています。大した金額を寄付できているわけではありませんが、やはり誰かのために何かをやるということは良いことですね。心が洗われる気がします。

Point

- ◆ふるさと納税は絶対に損をしない
- ◆クレジットカードで寄付すればポイントも手に入る
- ◆限度額の半分は返礼品目的、半分は純粋な寄付をする

DAY 11

株式に投資をしてみよう

株式投資とは

資産運用の代表格といえば、株式投資を思い浮かべる方も多いと思います。株式投資は読んで字のごとく、企業が資金を得るために発行した株式を売買することです。非上場株式も立派な株式投資ですが、特別なつながりがない限り、非上場株式を購入するチャンスはないと思います。

上場株式への投資は、**証券口座を開設すれば誰でも投資することができます。**株式の値段のことを株価といいます。企業の業績や将来性などを反映し、上場企業の株価は絶えず変動するものです。**株価が安いときに購入して、高くなったときに売却することで利益が発生します。これを売却益＝キャピタルゲイン**といいます。また、**株式を保有している投資家に対して、年に何度か配当金を出している銘柄もあります。これをインカムゲイン**といいます。

つまり、株式投資で得られる利益というのは、キャピタルゲインとインカムゲインのどちらか、もしくは両方になることもあります。また、インカムゲインとは少し異なりますが、銘柄によっては**株主優待**に力を入れている企業もあり、その企業が扱っているサービスなどを割引で受けられたり、商品を無料でもらえるなどのメリットもあります。優待が目的で株式投資に取り組んでいる方もいるくらいです。

まずは口座開設から

株式投資の話をすると、難しい、怖い、リスクが大きいなどの感想を持つ方が多いようで、取り組んでいる方は意外に少ない印象です。しかし、**仕組みを理解し、適切にリスク管理をすれば、決して難しいものではありません。**もちろん、一番安いところで買って、一番高いところで売りぬけるような短期売買で成果を出すのは非常に難しいことです。ただし、インカムゲイン目的で長期投資をするのであれば、あなたのポートフォリオ（資産の組み合わせ）の中にぜひ組み込むべきでしょう。

ここで、まだ経験がない方に対してアドバイスがあります。書籍を読んだり、ネットで調べたりするのも勉強になるとは思います。

ただ、もっと手っ取り早い方法は**「実際に株式投資を始めてみること」**です。そのために、まず最初にやるべきことが、**証券口座を開設**することです。**オススメは手数料が安いネット証券**です。証券会社の選び方としては、例えば楽天カードを使っている方であれば楽天証券。住信ＳＢＩネット銀行の口座を持っている方であればＳＢＩ証券というように、他の金融系サービスのグループと関係が深い証券口座を開設すると、手数料が安くなったり、ポイントが貯まったりするボーナスがあります。ただ、各社の違いはほとんどないので、自分に合った証券会社を探して選んでください。

情報を入手し最低購入金額を算出してみる

証券口座を開設したら、いよいよ株式の売買が可能になります。ここで疑問になるのは、「株式投資っていくらからできるの？」だと思います。実は、必要な資金は購入する銘柄によってピンキリです。株価は企業ごとに全く異なります。例えばみずほ銀行を所有しているみずほフィナンシャルグループであれば、ここ10年で100～250円あたりを行ったり来たりしています。三井住友銀行を所有している三井住友フィナンシャルグループであれば、2000～5500円あたりを行ったり来たりしています。同じ銀行株でも株価は全く異なるわけです。ですが、みずほ銀行よりも三井住友銀行の方が20倍業績が良いというわけではありません。株価は発行済み株数など様々な要素によって決まるため、どちらが高いという比較はあまり意味がありません。

では、みずほ銀行の株式は100円から買えるのかというとそうではありません。なぜかというと、**1株から購入できるわけではなく、100株が一つの単位**になります。この**売買単位のことを単元**と呼びます。以前は銘柄ごとに単元（最低購入株数）が決まっており、1株から購入できる銘柄もあれば、1000株単位でないと購入できない銘柄もありました。しかし、2018年10月にルールが変わり、国内上場企業の単元株式数が100株単位に統一されました。つまり、現在はすべての銘柄が〈株価×100株〉という計算で最低購入金額を算出することができます。もう少し買いたい場合には、２００株、３００株というふうに１００株単位で買い足していくことができます。

前述の通り、証券口座を開設すべきと思う理由は、口座開設さえしてしまえば、**実際に気になる企業の株価をチェックしたり、その企業にまつわるニュースを見てみたり、様々な情報にアクセスするようになる**ためです。何事もそうですが、実際に自分が関わってみると、その分野に関連する情報が耳に入るようになります。株式投資をやっている人であれば、「本日の日経平均株価は？」と質問されたら、すぐに答えることができると思いますが、株式投資をやっていない人は夕方のニュース番組で株価の情報が流れていても耳に残らないはずです。まずは証券口座を開設して、**余剰資金の一部でもいいから、証券口座に実際にお金を入金してみることが大事**です。そうすると、あとはボタンを何度かクリックするだけで上場企業の株式を購入することができます。売却するときも同じように、ボタンを数回クリックするだけですし、今は2営業日後には株式が現金化されます。先ほどの銀行株式で比較するのであれば、みずほ銀行は〈100円×100株で約1万円〉から株主になることができます。三井住友銀行ですと〈2000円×100株〉で約20万円です。まずは低い金額から取り組める銘柄で感覚を掴むことをオススメします。ハードルが高いケースでいうと、ユニクロを運営しているファーストリテイリングの株価は本書執筆時点で約6万円です。ということは、株主になるために必要な資金は約600万円となり、かなりハードルが高くなります。繰り返しになりますが、〈株価×100株＝必要投資金額〉ですから、まずは身近な企業の株価をチェックするところから始めてみましょう。

でも株式投資にハマってはいけない

株式投資を始めてみると、**誰でも必ずビギナーズラックを経験します。**初心者でも関係なく、利益を取れる場面に出くわします。そのときに、**「株式投資は簡単だ！」と安易に考えて、預貯金の全額を株式投資に移すような行動はやめましょう。**短期的な値動きによる損得は追うべきではありません。短期間に大きくお金を増やすことができるというのは、裏返せば短期間で大きくお金を失ってしまう危険性を秘めています。長期投資として割り切り、日々の値動きに対する興味よりも、企業の成長性や将来性に目を向けるべきです。

株式投資にはメリットもありますが、リスクもあります。そのため、あくまで**資産の一部を株式で運用する程度に考え、長期投資を前提に取り組む**ことをオススメします。まずは証券口座を開いて、気になる企業の株価をチェックしてみるところから始めてみましょう。実際に触れてみないと興味が出ませんからね。

Point

- **株式投資は長期投資がオススメ**
- **「まずやってみる!」というマインドが大事**
- **ビギナーズラックは必ずくる。どれだけうまくいってもハマらないこと**

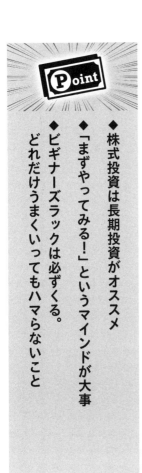

DAY 12

失敗したくなければプロを雇え

プロというレバレッジ

一般的に**成功者といわれる方々は他人の力を借りるのが上手**です。逆にいうと、**うまくいっていない人は他人の力を借りるのが下手**な気がします。例えば、急成長する会社は創業初期からコンサルタントや顧問の方など実績あるプロに対して、相応の報酬を支払うことで彼らの力を借り、一気に成長を加速させています。逆に、何年経ってもなかなか軌道に乗らない会社の経営者は「コンサルタントにお金を払うなんて理解できない！」ということを平然と言う方が多い印象があります。私もこの事実を理解してから、事あるごとにプロの力を借りるようにしています。例えば、創業初期から各分野におけるプロに様々な業務をお願いしてきました。今でもこのスタンスは変わらず、情報を取得するためだけに報酬を支払っている方もいます。

なぜ、自己流ではなくプロの力を借りるのか。それは、**超一流の情報を手に入れるため**です。そして、**その情報を元に自分のレベルを飛躍的に高める**ためです。自己流で10年かかるところを、プロに

1000万円支払って1年で終わらせることができれば、その方がメリットが大きいのです。ただ、ほとんどの人が「どうなるか分からない未来に対して、1000万円も出せない」と言って、コツコツと自己流で進めてしまうのです。**人生の時間は限られていますから、それだといくら時間があっても足りません。**本書の冒頭で借金で成長を加速させようと書きました。**レバレッジ（テコの原理）を効かせて、一気に成長させる**のです。私の中ではプロに頼むことも全く同じで、専門家の力でレバレッジを効かせることによって成長速度が速まります。

投資と回収をイメージする

もう一つ、**すべての支出は投資だという考えが大事**です。コンサルタントに依頼するのも、プロ人材を社内に招き入れるのも、会社の備品を購入するのも、すべては投資です。つまり、回収に目を向けているのです。「1000万円のコンサルティング報酬は高い」とはならないのです。ここで1000万円の投資をすると、1年後に全額回収が見込める。そう判断できたら、進めばいいだけなのです。もし想定通りに事が進んだ場合、利回り100%の投資ですから非常にリターンが大きいですね。何事も投資と回収をイメージして物事を考えるようにしましょう。

これは個人でも全く同じです。人生を豊かにしたい、お金持ちになりたい、異性にモテたい。なんでもいいのですが、願望を叶えたい場合、二つの方法があります。一つは自己流、もう一つはその道のプロに頼む方法です。**一定の成果が欲しいのであれば、ダラダラと時間をかけずに気持ちよくお金を支払って、プロの力を借りるべき**です。

ただし、ここで落とし穴があります。誰彼構わずにお金を支払っていたら、あなたはただのカモになってしまいます。どんどん資金を失ってしまうことでしょう。では、どうすれば良いのか。答えは、**「人を見極める目を鍛えよ！」**です。誰を味方に付ければ、あなたを次のステージに引き上げてくれるか。ここを掴んでしまえば、もう自己流でやるなんて選択肢は一切頭の中から消えて、何をするにもプロの力を借りるようになるでしょう。

実績を見極める

ここで、どうやって人を見極めればいいのかをご紹介します。今まで膨大な金額と時間を投資してきた中で、ある法則を編み出しました。**うまくいったパートナーにはいくつかの共通点**がありました。まず一つ目として、**その道の実績がある**こと。これは必須条件です。経験が長いとか、ネームバリューがあるとかは正直あまり気にしなくてもいいです。もちろん経験が長く、ネームバリューがあった方がいいですが、最重要事項ではありません。今までやってきたこと、成果などを聞き、本人が言っていることではなく客観的事実のみから判断します。

例えば、あなたが「異性にモテたい！」と思って、恋愛コンサルタントを雇おうと考えた場合を考えてみましょう。その先生は業歴30年でテレビにも引っ張りだこです。テレビでは「私は出会ったすべての方々を綺麗に、格好良くしてきました」といつも豪語して、業界では非常に有名な方だったとします。私はここまでの情報では一切判断しません。というか判断ができません。テレビに出ているから実力があるというわけではありませんし、本人が言っていることからはあまり影響を受けません。では、どこで判断するか。今まで累計で何万人が先生のおかげで恋人を作ったといった、**客観的事実に基づく情報で物事を判断**します。この例のように数字が入っているとなお良しですね。実績というのは客観的事実、数字のみなのです。

理念を聞く

次に、これが一番大事かもしれません。**その方の理念**を聞きます。理念というのは存在意義そのもの、**「なぜ、それをやるのか」**という部分です。私は投資をする場合は必ずそれを最初に聞きます。そして**矢印が自分ではなく、他人や社会に向いているかどうかをチェック**します。どうやってチェックすればいいか。簡単です。「なぜ、先生はこの活動をしているのですか?」と聞くだけです。そこで先生が自分の夢だとかを語りだしたら、私は絶対に依頼しません。矢印が自分に向いているからですね。自分のために仕事をしている人に依頼して、物事がうまくいったためしがありません。ベストアンサーは「私は世界中の男女に恋愛を楽しんでほしい。そして人生を今よりももっと豊かにしてほしいと思ってこの活動をしています」。こう言われたら、「なるほど」と思います。そしてたぶん次の質問をするでしょう。「え、先生はなぜそのようなことを思ったのですか？」と。そこで「実は……、私は若いときは全く異性にモテず、とても暗い青春時代を過ごしました。一生一人で生きていくつもりでした。ただ、今の旦那と出会ったことで私の人生は一気に変わったんです。旦那が私にしてくれたように、人の人生を変えるキッカケを提供したい。そう思ってこの活動をしています」こう言われたらどうでしょうか？　**本人が今の考えに至るきっかけ（原体験）を聞き、今掲げている理念に嘘偽りがない**と感じたら、私は迷わずその方にお願いします。

― 余裕があるかを確かめる ―

そしてもう一つ重要なポイントがあります。それは**「余裕」**です。

いくら実績があって、崇高な理念を掲げていたとしても、**本人に余裕がなければ自分を託すパートナーとしては心もとない**ですね。経済的な自由度は精神的な自由度に影響します。つまり、生活のための仕事をしている人は、まだ他人を幸せにするという段階にはいないのです。私自身も昔は恥ずかしながら自分のために仕事をしている時期がありました。自分に余裕がないときは、優先順位の一番が自分になってしまうものです。そこから少し経って、余裕が出てきたときに初めて、他人の幸せを100%考えられるようになりました。

私はこの共通点を見つけてから、人にお願いしても失敗をしなくなりました。すぐに盗めるテクニックだと思うので、ぜひ本日から使ってみてください。

Point

◆お金を払ってプロを雇う
◆すべての支出は投資。リターンを計算する
◆絶対に失敗しない人の見極め方「実績」「理念」「余裕」

DAY 13

住宅は買うべき？ それとも賃貸が良い？

永遠のテーマ賃貸か購入か

「賃貸物件に家賃を払い続けているなら、住宅を購入した方が良い」という意見を聞いたことはありますか？ これは永遠のテーマだと思います。私の回答は、**「あなたの生き方次第」**です。

まず、賃貸派からよく出てくるメリットについて。一番は気軽に住み替えができることでしょうか。ライフスタイルが定まっていない独身の間は、職場環境にあわせて定期的に引っ越すことをオススメします。持ち家であることがあなたの行動を縛ってしまうことが一番のリスクなので、会社を転職する可能性があったり、自営業の方などは賃貸物件の方が生き方に合っているかもしれません。反対に持ち家派の意見を紹介しましょう。一番多く聞かれるのは、支払っている家賃が自分の資産になるというもの。これはその通りであり、賃貸は支払っても支払っても自分の持ち物にはなりません。また、住宅ローンで購入する場合には自分に万が一のことがあった場合に（死亡や高度障害など）ローン残債がなくなり、住宅だけが残るということで生命保険のような効果を得ることもできます。団体信用生命保険といいますが、住宅ローンには標準で付いている保険です。

生涯コストを考える

ここだけ聞くと、確かにお金がもったいないから住宅を購入しようと考える方もいると思います。ただ、実際は**表面上の家賃だけではなく、他にもかかってくる生涯コストで計算しておく**べきです。持ち家といっても、マンションと一戸建てでかかってくるコストは変わってきます。マンションでは発生し、戸建てでは発生しない費用として、管理費・修繕積立金があります。もちろん、戸建ての場合でもリフォームの必要がありますので、修繕費は貯めておくべきですが、毎月必ず支払わなければいけない建物の共用部分の修繕積立金はマンションならではの費用です。また、もし仮に駐車場を借りるのであれば、戸建てではかかりませんが、マンションではかかります。また、固定資産税も同じ間取りの物件であればマンションの方が高くなる傾向にあります。つまり、マンションと一戸建てを比べると生涯コストは一戸建ての方が安くなると考えられます。

では、賃貸の場合の生涯コストはどれくらいでしょうか。ここでは生涯コストを算出するための比較なので、同じ物件にずっと住み続けた場合の費用として計算します。つまり、引っ越し代や契約時の礼金や仲介手数料などは省いて考えます。また、購入の場合は毎月一定金額の支払いが発生するため（固定金利のローンを組んだ場合）、賃貸物件の場合も家賃下落は考慮せずに同じ金額がずっと発生すると考えます。賃貸物件で発生する費用は、家賃（管理費・共益費含む）、更新料、車に乗る方は駐車場代となります。建物の修繕費用やリフォーム代、固定資産税などは貸主負担になるため、借主にはかかりません。しかし、50年単位で考えると、家賃下落がないと考えた場合には賃貸物件の方が高くつきます。実際には家賃交渉が可能であることから、生涯コストは賃貸でも持ち家でもほとんど変わらなくなります。つまり、一番大きな違いは資産価値が残るかどうか。この一点になります。その観点で考えると、一戸建てが一番有利になります。なぜかというと、不動産の資産価値は土地＋建物に分けられますが、建物は時間が経てば経つほど劣化していきます。土地の持ち分が多い一戸建ての方が数十年後の資産価値でいうと、高くなる傾向にあります。ただし、これも需要がある限り（欲しい人がいる限り）、築50年の建物であっても高い値段が付くので、一概には言えません。

ここまでどっち付かずの話になってしまいましたが、これが実態です。生涯コストを考えるとどちらもほとんど変わらず、最終的に資産価値が残るかどうかが一番の違いということです。つまり、**独身の方で相続などを考える必要がないのであれば、一生賃貸でも良いと思いますし、子どもや孫に相続財産を残してあげたいということであれば、一番いいのは一戸建て**ということになります。

― 住まいはライフスタイルに合わせて選択する ―

前述の通り、私の中ではある程度答えが出ていまして、独身のうちは賃貸物件。自分のライフスタイルが固まった後に持ち家を検討し始めればいいと思います。また、持ち家は賃貸物件だともったいないからという理由だけで検討するのではなく、**あくまで投資、資産形成として考える**べきです。その観点であれば、立地や間取りなどを将来需要に照らし合わせて考えることになります。先々で値段が上がる可能性があるなら、絶対に購入した方がいいです。私のお客様で7年ほど前に東京都江東区豊洲のあたりでタワーマンションを購入した方がいますが、7年ほど経過した現在、〈購入価格＋1000万円〉ほどで売却しました。保有時に毎月管理費・修繕積立金を支払ったり、毎年固定資産税を支払ったりしていますが、売却して税金を支払っても手元に千数百万円は残っている計算になります。つまり、（特にマンションの場合は）持ち家だったとしても、売却して別の物件に住み替えるという選択肢がありえるのです。実際の手残りの金額を計算するには、ローン条件によって残債を算出したり、減価償却費を計算して売却時の課税額を算出したりとややこしい計算になるので割愛しますが、十分にプラスになったと捉えてください。

つまり、結論としては、持ち家の場合、今後の値上がりが期待できる立地の物件を購入しましょう、ということです。私のオススメとしては、独身のうちはまずは賃貸物件に住みながらライフスタイルが固まるまでは一生懸命仕事をして、投資や資産形成をしてお金を貯める。そして余裕があるなら、**投資用の不動産を購入して、他人にローン残債を減らしておいてもらう。ライフスタイルの変化を見ながら、自分が住むか他人に貸し続けてローンを減らしていくかを選択**する。これがベストな考え方だと思っています。実は賃貸物件に住みながら投資用不動産を保有することにはリスクヘッジの意味合いもあります。もし地価が下がった場合に、投資用不動産から入ってくる収入は減ってしまいますが、自分が住んでいる賃貸物件の家賃も同じように下がると考えられるため（大きく考えるとそうなります）、自分の資産状況全体で考えるとプラスマイナスがなく、リスクヘッジになります。

自分のライフスタイルがまだ定まっていない人は焦って持ち家を考えるのではなく、賃貸物件に住み続けながら人生の目的を定めていくことに集中した方が長期的にはメリットがあるように思いますね。最後に、会社経営者の方や個人事業主の方は節税の観点でいうと、賃貸物件に住み続けることがお得なケースも多いでしょう。数字だけで考えずに流動性（身軽さ）も考えて、自分にとってどちらがベストなのかを考えていくべきでしょう。

Point

- ◆賃貸と持ち家、それぞれにメリット、デメリット
- ◆表面上の数字ではなく、生涯コストに目を向ける
- ◆自分のライフスタイル次第でベストな選択肢は変わる

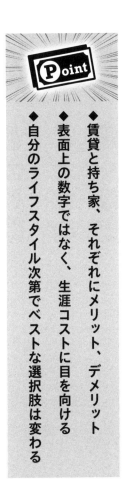

DAY 14

老後1億円のめどが立てば驚くほど気持ちが楽になる

お金に無頓着な日本人

老後2000万円問題が取り沙汰されてから、自身の老後資金について真剣に考え始めた人も多いと思います。おさらいですが、老後2000万円問題は、金融庁の金融審査会がまとめた報告書が発端となりました。年金収入のみの無職世帯が、20〜30年間の老後を生きるために約2000万円の老後資金が必要になるという話です。総務省などが実施した調査によると、夫が65歳以上、妻が60歳以上の無職世帯における平均的な実収入（年金収入）は月額約21万円となります。そして、消費支出は26万4000円ほどになると考えられており、毎月約5万円の赤字が発生することになります。人生100年時代と言われるほど、平均寿命が延びている日本ですから、老後の30年間で〈5万円×12カ月×30年＝1800万円〉の赤字が出る計算になります。この赤字分を貯金から補填する必要があるという内容でした。

この話がニュースで報道されるやいなや、全国各地でデモが起きたり、大きな盛り上がり？を見せたのですが、お金の専門家である我々からすると、「え？　いまさら何を騒いでいるの？」という感覚でした。年金の計算方法は明確に決まっていて、毎月給与明細を見れば厚生年金の積み立て金額は分かるわけですし、老後の生活費は、物価変動を加味しなければ、今の生活費から計算して十分にイメージできるはずだからです。**日本人というのはそれほどまでにお金に無頓着で他責的**なのかと唖然とした覚えがあります。

ただし、急に自助努力（他に依存せず、自分の力で困難を乗り越える努力）をせよと言われても、今まで全く備えていなかった方には苦しいことなのは想像できます。また、「年金返せ！」というデモに参加している方々も、要は余裕がないわけです。今までお金に無頓着で、何もしてこなかったツケが回ってきて、本当に生命の危機を感じて焦っているからこそ、あのような行動に出てしまうわけです。読者のあなたが、今何歳なのかは分かりませんが、今日という日が一番若いわけですから、**今できることから始めましょう。**

何歳までにいくら欲しいのかを決め逆算する

まず、**最初に何歳のときにいくら欲しいのか**、これを決めることです。「65歳までに２０００万円貯める」とかではなく、「どうせなら５０００万円くらい作っておこう」という**挑戦しがいのある目標を立てる**べきです。仕事でもそうですが、簡単に達成できる目標ではなく、どう考えても手が届きそうもない目標を立てた方が、能力が引き上げられます。老後に５０００万円あればいいなと思っているなら、「65歳で５０００万円！」という目標をまず立てるわけです。

次にやることは、逆算です。老後資金の最も簡単な作り方としては、積み立て投資です。毎月一定額を金融商品に積み立てていく。iDeCoもいいですが、原則60歳まで引き出せないということもあり、流動性に欠けます。また、国内の金融機関が取り扱っている投資対象は選択肢が少ないというデメリットもあります。そこで私は証券会社や海外の金融機関が取り扱っている投資信託の中から、**自分で投資対象を選択して、積み立てを始める**ことをオススメします。とりわけ老後資金に充てるのであれば、**米国のインデックス（指標）に連動するような投資信託**を買っておきます。

必要な金額が決まり、積み立て投資をすることを決めたら、あとは投資対象と積み立て金額を決めるわけですが、ここでExcelを活用しましょう。現在の自分の年齢から老後までの年数が分かれば、毎月いくらの積み立てをして、利回りを何%で回せば、目標金額に到達するかが分かります。

時間という武器を活用する

では、①米国のインデックス投資だけで老後の対策は万全でしょうか。もし米国に何かトラブルが起きたときは、予定通りの運用にならない可能性があります。その**リスクを回避するために、少なくとも2本の積み立て投資を走らせておくべき**で、**できれば3本以上に分散するのが理想的**です。リスクヘッジの方法として私の事例を紹介します。②全世界に分散している投資信託と、③一定期間の生命保険効果（自分が死亡した場合に遺族に保険金が支払われる）を得ながら、万が一が起きなければ先々にお金が増えて戻ってくるというタイプの保険商品です。図4にある通り、この3本で積み立て金は合計800ドル／月ですが、積み立て期間はそれぞれ、①

図4 筆者が実際に積み立てている金融商品の運用シミュレーション（簡易版）

1ドル＝107.5円（2020年7月現在）で計算

		①積立（米国インデックス）		②積立（全世界アクティブ）		③積立型生命保険		合計	
		目標利回り	4.5%	目標利回り	8.0%	目標利回り	1.5%		
		積立年数	20年	積立年数	25年	積立年数	30年		
		月額積立金額	300ドル	月額積立金額	300ドル	月額積立金額	200ドル		
年齢	年数	時価	積立額	時価	積立額	時価	積立額	時価	積立額
30	1	¥387,000	¥387,000	¥387,000	¥387,000	¥258,000	¥258,000	¥1,032,000	¥1,032,000
31	2	¥808,830	¥774,000	¥835,920	¥774,000	¥523,740	¥516,000	¥2,168,490	¥2,064,000
32	3	¥808,830	¥1,161,000	¥1,320,754	¥1,161,000	¥793,466	¥774,000	¥3,363,862	¥3,096,000
33	4	¥1,710,291	¥1,548,000	¥1,844,374	¥1,548,000	¥1,067,238	¥1,032,000	¥4,621,903	¥4,128,000
34	5	¥2,191,669	¥1,935,000	¥2,409,884	¥1,935,000	¥1,345,117	¥1,290,000	¥5,946,670	¥5,160,000
35	6	¥2,694,709	¥2,322,000	¥3,020,635	¥2,322,000	¥1,627,163	¥1,548,000	¥7,342,507	¥6,192,000
36	7	¥3,220,386	¥2,709,000	¥3,680,245	¥2,709,000	¥1,913,441	¥1,806,000	¥8,814,073	¥7,224,000
37	8	¥3,769,719	¥3,096,000	¥4,392,625	¥3,096,000	¥2,204,012	¥2,064,000	¥10,366,356	¥8,256,000
38	9	¥4,343,771	¥3,483,000	¥5,161,995	¥3,483,000	¥2,498,943	¥2,322,000	¥12,004,709	¥9,288,000
39	10	¥4,943,656	¥3,870,000	¥5,992,914	¥3,870,000	¥2,798,297	¥2,580,000	¥13,734,867	¥10,320,000
40	11	¥5,570,535	¥4,257,000	¥6,890,308	¥4,257,000	¥3,102,141	¥2,838,000	¥15,562,984	¥11,352,000
41	12	¥6,225,624	¥4,644,000	¥7,859,492	¥4,644,000	¥3,410,543	¥3,096,000	¥17,495,660	¥12,384,000
42	13	¥6,910,193	¥5,031,000	¥8,906,212	¥5,031,000	¥3,723,572	¥3,354,000	¥19,539,976	¥13,416,000
43	14	¥7,625,566	¥5,418,000	¥10,036,669	¥5,418,000	¥4,041,295	¥3,612,000	¥21,703,530	¥14,448,000
44	15	¥8,373,132	¥5,805,000	¥11,257,562	¥5,805,000	¥4,363,785	¥3,870,000	¥23,994,478	¥15,480,000
45	16	¥9,154,338	¥6,192,000	¥12,576,127	¥6,192,000	¥4,691,111	¥4,128,000	¥26,421,576	¥16,512,000
46	17	¥9,970,698	¥6,579,000	¥14,000,177	¥6,579,000	¥5,023,348	¥4,386,000	¥28,994,223	¥17,544,000
47	18	¥10,823,794	¥6,966,000	¥15,538,151	¥6,966,000	¥5,360,568	¥4,644,000	¥31,722,514	¥18,576,000
48	19	¥11,715,280	¥7,353,000	¥17,199,163	¥7,353,000	¥5,702,847	¥4,902,000	¥34,617,290	¥19,608,000
49	20	¥12,646,883	¥7,740,000	¥18,993,056	¥7,740,000	¥6,050,259	¥5,160,000	¥37,690,198	¥20,640,000
50	21	¥13,215,992	¥7,740,000	¥20,930,461	¥8,127,000	¥6,402,883	¥5,418,000	¥40,549,337	¥21,285,000
51	22	¥13,810,712	¥7,740,000	¥23,022,858	¥8,514,000	¥6,760,797	¥5,676,000	¥43,594,366	¥21,930,000
52	23	¥14,432,194	¥7,740,000	¥25,282,647	¥8,901,000	¥7,124,078	¥5,934,000	¥46,838,919	¥22,575,000
53	24	¥15,081,643	¥7,740,000	¥27,723,218	¥9,288,000	¥7,492,810	¥6,192,000	¥50,297,671	¥23,220,000
54	25	¥15,760,317	¥7,740,000	¥30,359,036	¥9,675,000	¥7,867,072	¥6,450,000	¥53,986,424	¥23,865,000
55	26	¥16,469,531	¥7,740,000	¥32,787,759	¥9,675,000	¥8,246,948	¥6,708,000	¥57,504,237	¥24,123,000
56	27	¥17,210,660	¥7,740,000	¥35,410,779	¥9,675,000	¥8,632,522	¥6,966,000	¥61,253,961	¥24,381,000
57	28	¥17,985,139	¥7,740,000	¥38,243,642	¥9,675,000	¥9,023,880	¥7,224,000	¥65,252,661	¥24,639,000
58	29	¥18,794,471	¥7,740,000	¥41,303,133	¥9,675,000	¥9,421,108	¥7,482,000	¥69,518,712	¥24,897,000
59	30	¥19,640,222	¥7,740,000	¥44,607,384	¥9,675,000	¥9,824,295	¥7,740,000	¥74,071,900	¥25,155,000
60	31	¥20,524,032	¥7,740,000	¥48,175,974	¥9,675,000	¥9,971,659	¥7,740,000	¥78,671,665	¥25,155,000
61	32	¥21,447,613	¥7,740,000	¥52,030,052	¥9,675,000	¥10,121,234	¥7,740,000	¥83,598,900	¥25,155,000
62	33	¥22,412,756	¥7,740,000	¥56,192,456	¥9,675,000	¥10,273,053	¥7,740,000	¥88,878,265	¥25,155,000
63	34	¥23,421,330	¥7,740,000	¥60,687,853	¥9,675,000	¥10,427,148	¥7,740,000	¥94,536,331	¥25,155,000
64	35	¥24,475,290	¥7,740,000	¥65,542,881	¥9,675,000	¥10,583,556	¥7,740,000	¥100,601,726	¥25,155,000

※為替変動は加味せず、あくまで簡易的なシミュレーションです

が20年、②が25年、③が30年という長期積み立てになります。合計積み立て金額が約2500万円、**65歳時点の想定時価評価は1億円を超えます**（税金は加味せず）。

積み立て投資の良いところは、セットしたら終わりなところです。もちろん、定期的なメンテナンスは必要になりますが、基本的には放置しておけば良く、日々の値動きなどは一切気になりません。長期的に右肩上がりで伸びていく対象に対して投資しているので、リーマンショックやコロナショックのような下落局面が来ても全く問題なく、淡々と毎月の積み立てを継続しておけばいいだけです。つまり、一度セットしてしまえば一丁上がり！というわけです。

とは言っても、毎月800ドルの積み立てを長期間にわたって継続するのは簡単なことではありません。金額は余裕資金に合わせて、各々で設定すべきですが、1億円ではなく5000万円でも十分だと思います。ここで言いたいことは、**長期間の積み立て投資であれば、1億円という金額も夢ではない**ということです。サラリーマンの生涯年収は2億円と言われています（中央値で計算）。税金や社会保険料を引かれたとして、約1・5億円の現金を手にするわけですが、そのうち**15%にあたる2000万円を積み立てることで1億円**を作ることが不可能ではないというわけです。これは時間を使えるからです。時間というのは最高の武器になるのです。つまり、**積み立て投資を始めるなら早ければ早いだけいい**のです。私が積み立て投資のすごさに気付いたのは30歳を過ぎてからです。20歳から始めていたとしたら……、そう考えても意味がないので、今から老後に向けてできる限りのことをしています。ぜひ、毎月数万円でいいので、老後に向けた積み立て投資を始めてみましょう。1億円のめどが立つと、一気に心に余裕が生まれます。ただ、一つだけ注意が必要です。一度走らせた積み立てを途中でストップしてしまうと予定通りにお金が増えなくなります。長期にわたって継続できる金額を設定するようにしましょう。

Point

- **逆算思考を持つ**
- **積み立て投資はセットしたら終了！**
- **誰でも資産1億円は作れる。スタートは早く！**

DAY 15

一攫千金を狙ってはいけない

堅実な資産形成がお金を増やす近道

よく、「お金を増やしたいのですが、どうすればいいですか？」と質問を受けます。私の答えはシンプルです。「自分の力に自信があるのなら独立起業しなさい。そうでないならコツコツと資産形成をしていく方が近道です」いつもそう答えています。**絶対にやってはいけないのが、一攫千金を狙うこと。**例えば、自分の資産の大半を株式投資やＦＸ、仮想通貨などの変動が激しい投資商品に回すこと。もしくは、「年利20％！」みたいな非常に利回りの高い投資や、「半年後に2倍にして戻します！」みたいなあまりにリターンが大きい投資。これらは危険なのでやめましょうと伝えています。もちろん、全否定するわけではありませんが、資産の大半を不安定な投資商品に預けることには賛成しません。もしあなたが会社に勤めていて、固定給比率が高く、給与の変動要素が小さい職業に就いているのであれば、給与の一部をコツコツと積み立てたり、都心部の資産価値が落ちづらい不動産を購入するなり、堅実な方法だけで資産形成を進めた方が結果的にお金を増やす近道になるのです。

私は仕事柄、様々な投資案件に触れています。日々、相談が持ち込まれますし、自分からも積極的に情報を取りにいくようにしています。金額にもよりますが、気になるものがあればまずは取り組んでみるというスタンスで生きてきました。当然、数多くの失敗も経験しています。過去の経験から、**市場の平均的なリターンから外れたものは一切やらない**、こう決めてしまった方がうまくいくと感じています。どれくらいが平均的なリターンかというと、誰でも手に入るレベルの情報ということでいえば、年利4~5%くらいでしょうか。特殊ルートで入ってくる非公開な話というレベルでいうと、年利8~10%程度。これくらいのリターンであれば、検討する価値があります。それ以上は一切やらない、そう明確にルールを決めています。

投資は成功ばかりではない

せっかくなので、今までの私の失敗とそこから得た学びを共有しましょう。一番最初の失敗は、**未公開株への投資**でした。知り合いからの紹介だったこともあり、乗ってしまったのですが、とある企業の株式を上場前に購入できるということで100万円を投資しました。○○一族が実質的経営者であるとか、有名な芸能人をコマーシャルに使っていたりとか、外からの見栄えがいい会社だったのでコロッと騙されてしまいました。今から15年ほど前の話ですが、当時はインターネットがまだあまり普及していなかったので情報収集も難しく、知人から言われること以外に判断基準がなかったのです。結果的には、その知人に悪意はなく、彼もまた被害者だったわけですが、この手の詐欺は被害者が加害者にもなり、被害が大きく膨らんでいきます。今だったら、「株主名簿を見せてもらえますか？」と一蹴しているでしょう。

詐欺のような話だけでなく、まっとうな投資での失敗例も挙げておきましょう。私はリーマンショックの少し前に株式投資を始めました。始めてすぐリーマンショックが起きましたが、そこまでポジションを持っていなかったので、下落局面でたくさん株式を購入する余力がありました。まさにビギナーズラック。リーマンショックのどん底から数年で結構な利益を上げることができました。これで気を良くした私は、全財産の95％くらいを証券口座に入れて、常に全力で投資をしていました。そんなとき、東北大震災が起きました。忘れもしない、２０１１年3月11日14時46分。当時、投資用不動産会社で営業マンとして新宿のオフィスビルでテレアポをしていました。強烈な揺れが起き、そこからの記憶はあまり正確ではありません。とにかく避難するのに必死でした。3月11日は金曜日だったので、相場が閉まる直前でした。土曜日、日曜日を挟んで月曜日の朝、株価は大暴落。日々のニュースを見ながら、このままだと福島の原発が爆発して日本はもうダメになるというニュースがネット上では連日流れていました。パニックになっていた私は、資産の半分でも現金として手元に戻るのであれば、もう十分だ。もう一度仕切り直そう。そう思って、翌日に売り注文を出しましたが、連日のストップ安で売れず、ようやくその翌日に約定されて、わずか数日で資産の60％程度を失いました。このときの教訓は、**資産の半分以上を一箇所に入れてはいけない**ということです。それともう一つ、大手企業の株式に投資しているのであれば、**震災や○○ショックなどのときに投げ売りはしない方が良い**ということです。私はこのときの経験があるので、2020年3月のコロナショックのときは冷静に対応することができて、そこまで甚大な損害は受けませんでした。

投資詐欺の見極め方

最後に、**投資詐欺を見極めるポイント**をお伝えしておきましょう。まず**投資対象の会社がちゃんと稼働しているのかを調べる**のです。私はクライアントから相談がくると「会社の登記簿謄本は見た？」とよく聞きます。法務局に行けば、誰でも登記簿謄本を取得することができます。そこから、代表者の自宅住所や他の役員の名前、資本金、発行済み株式数などが出てきます。**その中で少しでも違和感を持ったら、投資は控えるべき**でしょう。慣れてくると代表者の自宅住所からその会社の信用情報を予測することができるようになります。有名なマンションの場合には、その物件を管理している会社が分かるので、審査が厳しいかどうかが分かります。

もう一点、アドバイスをするのであれば、**構造上のリスクを負わない状態を作る**必要があります。例えばフィリピンの不動産開発プロジェクトに投資するとしましょう。そのときに、**間に入っているブローカーの口座にお金を振り込むようでは、これは構造上のリスクを負っています。**万が一、そのブローカーが詐欺師だった場合に、お金が一切返ってきません。契約書がない取引は絶対にやってはいけませんが、契約書が存在したとしても、**契約名義人と振込先の名義が異なるというのは完全に危ない**パターンです。そもそも商取引としておかしいですからね。直接フィリピンの会社に振り込むのであれば、あとはその会社の与信チェックをすればいいという話になります。

投資詐欺や、詐欺で立件されないにしても怪しい話は腐るほど聞いてきたので、だいぶ見る目が養われてきました。何かあればお気軽にご相談ください。

Point

◆堅実が一番
◆資産の半分以上を一箇所に預けてはいけない
◆構造上のリスクを負わない状態を作る

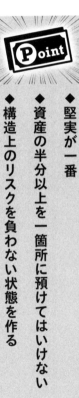

DAY 16

構造上のリスクを把握しポイントだけ外さない

構造上のリスクを避ける

前の節で「構造上のリスク」の話をしました。非常に重要なのでこの節で深掘りします。どの会社でも責任のある立場の人は、日々様々な意思決定をしていると思います。材料を集めて検討して、会議を開いて議論して、といったプロセスを経た上で決断をするのが普通ですが、私は意思決定しなければならないことが多すぎるため、何事も即断即決するようにしています。近くで見ていると、「こんな簡単に決めて大丈夫？」と心配になることもあるようです。私の中で**ある法則**がありまして、それに従って決めています。少し紹介しましょう。

まず、**構造的に自分が追い込まれるような状況は避ける**というもの。失敗したとしても大した傷を負わない決断なら即時決めます。例えば、私は基本的にお金を貸すことはしません。これは貸し手側が構造上、追い込まれているからです。お金を貸すという行為を分解してみると、貸し手から借り手にお金が移動しますね。たとえ、金銭消費貸借契約を締結していたとしても、書面による拘束力は弱いです。借り手はそのお金を自由に使えるわけです。お金がないと言われた場合には法の下で話をしなければいけないため、コストが合いません。では、**構造上追い込まれないためにやるべきこと**は何か。例えば、借り手に仕事を依頼している立場だったり、住居を提供している立場だったり、別の部分で強い立場になっている場合には、借り手が万が一、借金を踏み倒そうと思った場合に他のところから回収することができます。この状態であれば、お金を貸すことはできるでしょう。考え方としてはこういうことです。

自分でコントロールできるリスクか

もう一つ法則を紹介します。自分でコントロールできるリスクであれば、あまり悩まずに判断します。自分がコントロールできないリスクがあるのなら見送ることが多いです。**自分でコントロールできないリスクというのは、外的リスク**と言い換えることができます。例えば、景気が急激に悪化した場合、「この投資は失敗する可能性がある」というケースだったら、恐らく相当慎重に判断すると思います。景気というのは自分の力でコントロールできないからです。慎重に検討した結果、1年後に景気が悪化する可能性は非常に低いと判断すれば、勝負するでしょうし、景気が悪化する可能性が高いと判断すれば、見送るでしょう。自分がコントロールできるリスクというのは、例えば、最悪のケースでも自分がプレイヤーとして動けば解決できてしまう程度の問題だったり、自己資金の中で十分に賄えてしまうレベルの投資です。これらは悩むだけ時間が無駄なので、サクサク決めて次に進んでいきます。

ポイントは、繰り返しになりますが**構造上のリスクをどのように把握するか**です。このスキルが身につくまでは、そもそも構造上のリスクを負っているのかどうかが分からないという方が多いので、いくつかの例を挙げてみましょう。あなたはネットバンキングのログイン情報を他人に共有させるといったように、自分の銀行口座を他人に預けることは危険だと思いますか？ 私の答えはノーです。全く危険じゃない。むしろ、自分の時間を作るためにすべて任せています。どういうことでしょうか。このパターンでいう構造上のリスクというのは、他人が自分のお金を持ち出してしまうことです。正直それ以外にリスクは何もない。そうなれば、**お金の持ち出しができないようにしておけばいい**ということです。例えば、振込や引き出しなどの資金移動における最終承認だけは自分が握っておけばいい話です。私はスマートフォンで承認作業をするようにしているので、ログイン情報を渡していたとしても資金を勝手に移動することはできません。これはセキュリティ上、守られているということです。つまり、構造的リスクがゼロの状態なんですね。ただ、通帳やキャッシュカードの場合、暗証番号、それから、実印や金融機関届け出印は安易に他人に渡してはいけませんね。これがあれば窓口から資金移動ができてしまいますから。

他の例を出します。あるファンド会社に投資すると高利回りで運用してくれるというので検討しているとしましょう。構造上のリスクはどこになるでしょうか。ここでは、お金を持ち逃げできる環境かどうかが大事なポイントです。私だったら、**ちゃんと分別管理**

がされているかどうか。その点だけをチェックします。分別管理というのは、投資家から預かった資産と、自社の保有する資産とを分けて管理することです。これがしっかりできていれば、金融機関の経営が悪化して経営破綻になった場合でも、投資家の資産は時価で戻ってくるからです。ではそのファンド会社が「しっかり分別管理しているので大丈夫。ご安心ください」と言えば大丈夫でしょうか？　そんなことはありません。自分の目で、耳で、しっかりと客観的事実を確認する必要があります。私だったら、どの**監査法人が監査をしているかをチェック**します。監査法人といっても種類がありますが、このケースでは重要なポイントは二つでしょう。会計監査と内部統制監査です。前者によって、公表されている会社の財務状況や投資家に対する運用パフォーマンスに嘘がないことが証明されます。また後者によって、しっかりと分別管理をしていることを確認することができます。ここまで押さえることができれば、リスクの上限が分かります。万が一の事態が起きたとしても、投資した金額の時価（そのときの価値）は戻ってくる。自分が投じた金額と時価との差がリスクの上限になるわけです。そうしたら、得られるリターンとリスクの上限を天秤にかけて、メリットが大きいと思えば取り組めばいいし、リスクの方が大きいと思えば取り組まなければいいだけです。

このように、今検討している事柄に対する**肝心要《かなめ》のポイントは何だろう？　と考えることができれば、構造上のリスクを負うことはありません。**慣れるまでは難しいと思いますが、自分が構造的に追い込まれないこと、常に優位なポジションにいるようにすれば、どのような決断もスピーディーに下すことができます。そして、騙されて失敗するということもゼロになります。少しずつトレーニングしていきましょう。

Point

- ◆**肝心要のポイントを押さえれば即断即決でもミスしない**
- ◆**自分がコントロールできない外的リスクは避ける**
- ◆**常に自分が優位なポジションにいるように心掛ける**

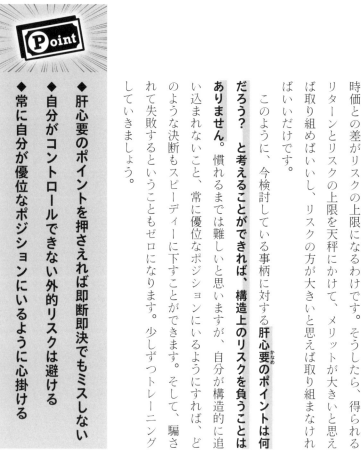

DAY 17

卵は一つのカゴに盛っても問題ない

「リスク分散」と「大きな成果」

「卵は一つのカゴに盛るな」という有名な相場格言があります。

欧米で古くから言い伝えられている「Don't put all your eggs in one basket.」を日本語に訳した言葉です。イメージしてみましょう。卵を一つのカゴに盛っていると、万が一そのカゴを落としてしまったときに、全部割れてしまう可能性があります。それを、複数のカゴに分けて盛っておけば、そのうち一つのカゴを落としたとしても、他のカゴに盛られた卵からやがてヒヨコが生まれます。そして、元気な鶏に育つ可能性があるわけです。だからこそ、**リスクを抑えたければ、可能な限り分散させなければいけません。**投資対象の商品（株式、債券、保険、不動産など）も分散させるべきですし、国も、通貨も、時期も金額もあらゆる要素を分散させればさせるほど、安定的な運用になります。これは、投資や運用のセオリーです。

私もセミナーなどでは当然この考え方を紹介していますし、このようにすべきというアドバイスをしています。ただ、この考えには弱みもあります。「リスク分散」と「大きな成果」はトレードオフの関係にあります。何かを得ようとすると、もう一方を失うということです。例えば、投資や運用を始めたばかりで、ほとんど資金がないときから**リスク分散のことを最優先に考えていたら、恐らくいつまで経っても資金は増えない**でしょう。もちろん、老後に向けて数十年かけて積み立て投資をするのであれば、十分にお金は増えます。ただし、「10年後にこれだけの資産を作りたい！」という目標を叶えることはできません。これが、「卵は一つのカゴに盛るな」という考え方のデメリットです。

　ある程度、資産がある方がさらに増やすために、そこまでリスクは負わずに安全に運用をしたいなどの理由であれば問題ありません。ただ、そうでない場合は、人生のどこかで大勝負をしなければならないタイミングがあります。かく言う私も過去に何度か大勝負をしています。そこで勝ってきたからこそ今があります。では、**大勝負に臨むときの考え方**をご紹介しましょう。

大勝負に臨むには

まず大前提として、投資にしろ、資産形成、会社経営、もしくは人生にしろ、基本的な考え方は「卵は一つのカゴに盛るな」です。どんなときもこれを忘れてはいけません。ただし、**意識的に、一定期間、資源を一箇所に集中させる**のはありだと思います。限られた時間の中で、「他人とはレベルの違う成長を遂げたいんだ！」という野心溢れる方は、ぜひこれを実践してみてください。大事なことは、意識的にやることです。戦略的にとも言えます。例えば、「いつまでに○○を手に入れたいから」という明確な目的があるのなら、十分に勝負の価値があるでしょう。なんとなくという無意識の状態が一番危険です。無意識でいたいのであれば、事前に入念なリスクヘッジをするべきです。資産形成でいうなら、長期投資、そして分散これがリスクヘッジのセオリーになります。

では、意識的に大勝負をしたい場合、どうすればいいのか。まずは期限を決めることです。**「いつからいつまで」という期限を設定**

しましょう。それも極力、短い期間がベストです。**期限を決めたら、その最中はそれだけに全力投球**しましょう。卵を一つのカゴに集めてしまっているわけですから、なるべく時間をかけずに目的地まで猛ダッシュで移動すべきです。そのカゴを持っているときに、万が一暴漢に襲われたら、石につまずいて転んでしまったら。そう考えるとイメージが付きやすいですよね。お伝えしたように私は何度も一点集中の大勝負をしています。これは投資だけではなく、人生においても言えることです。例えば、起業してからの1年間は他のことは一切しないと決めて、会社経営だけに全力投球しました。貯金もしない。個人的な投資もしない。「そんなお金があるならすべてを会社に入れて一気に立ち上げるぞ！」という気概でした。もちろん、100年近く続く人生をずっとそんなペースで走り続けることはできませんから、そんな時期は長くても1年くらいが良いと思います。投資でいっても同じですね。例えば、コロナショックで株価が暴落しました。連日売られて、2週間で30％株価が下落しました。このタイミングで全力勝負するのは間違いではないと思います。さらに下がる可能性もあるので、リスクは大きいですけどね。ただ、当たったときのリターンも大きいです。

このときに、絶対に押さえておかなければいけないポイントがあるのでご紹介します。**万が一、失敗した場合でも、再起できるようにしておく**ことです。たとえ時間がかかったとしても、もう一度やり直すことができる。こういう状態であれば、一時的にリスクを背負って勝負すること自体は反対しません。もう一度、卵がたくさん盛られたカゴを持ちながら全力疾走している姿をイメージしてください。万が一、転んでしまった場合、すべての卵が割れてしまったら鶏は全滅してしまいます。ただし、自宅に一つだけ卵を置いてきていたら。万が一があっても再起はできるわけです。時間はかかるかもしれませんが、全滅ではありません。私はこのルールを絶対に守った上で何度かの大勝負をしてきました。大勝負と言っても余力を30%くらいは残しておくイメージです。失敗したらだいぶ苦しいけれど、致命傷にはならない。なんとか生きていけるラインです。もちろんこれは時期にもよります。あなたが今どのフェーズにいるのか、どこまでいきたいのかによって、変わってくる話です。

もし野心があり、「今の自分の状態では数十年かかっても目的地に行けない！」というのであれば、**70%のリスクを負って大勝負してみてもいい**と思います。もちろんうまくいった場合、徐々に負うリスクを下げていく必要があります。ですからどれだけ**勝負師の方でも30%くらいは余力を残しておく**ことをオススメします。リスクコントロールができるのであれば、時として大きな勝負に出ることも必要かもしれません。

Point

- **原則は可能な限り投資対象を分散すべき**
- **意図的に時期を決めて一箇所に集中させるのはあり**
- **失敗した場合も再起できる余地は残しておく**

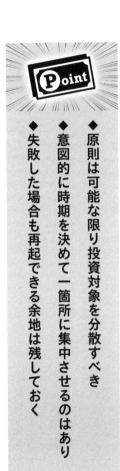

DAY 18

円だけではなく
ドル資産に逃す

預金封鎖というリスク

あなたは資産のうち、何%を日本円で持っていますか？

「え？ 全部だけど」という方は、相当まずいのでこの節をしっかり読み進めてください。**日本円だけで資産を持っておくのは相当危険**です。理由はいくつかありますが、一番大きいところで政府による「預金封鎖」のリスクがあります。国の財政が破綻しそうになった場合に、銀行預金などの国民の資産を把握して、資産に対して一定の税金をかけたり、預金の引き出しを制限することです。または、インフレーション（インフレ）を抑えるために、市場に出回った通貨の流通量を制限する目的で実施されることもあります。最も怖いのは、引き出し制限をされたり、没収されてしまうことです。

「え？ そんな力技あり？」と思われるかもしれませんが、実は預金封鎖は世界中で実際に行われたことがあります。直近だと、2001年12月にアルゼンチン政府が、預金口座から引き出し可能な金額を週250ドル、海外への送金を月1000ドルに制限する預金封鎖に踏み切った事例があります。また、日本でも１９４６年2月、第二次世界大戦後のインフレのときに、引き出し制限を実施した経緯があります。もう75年ほど前の話ですし、当時は戦争の影響があったから現在とは比較できないというのはごもっともな意見ですが、**今後日本の財政が破綻した場合に、実際に起こる可能性がある**ということを頭に入れておく必要はあります。

預金封鎖をするのは、**国の財政が破綻しそうなタイミング以外にもあります。**それは**「新円切替」のタイミング**です。ご存知の方も多いと思いますが、２０１９年4月9日に財務省が**新たな日本銀行券および五百円貨幣を発行**することを発表しました。これを「新円切替」といいます。時期としては、**２０２４年上半期**を目指すとのことでした。切り替えのタイミングで、一度預金を封鎖し、通貨切替をして旧通貨を無効にし、市場通貨を金融機関に回収させる方法がとられることがあります。「新円切替」は、前述の１９４６年２月に起きたインフレ対策として実施されました。２０２４年の紙幣、通貨の切り替えがどのような流れで行われるかは分かりませんが、「もしかしたら預金封鎖が実施されるのではないか?」という話も出ているのです。先回りしてマイナンバー制度の導入を急いだのも計画的な段取りなのかもしれません。つまりどういうことか、察しの鋭い方にはなんとなく日本政府の思惑が見えてくるのではないでしょうか。日本にはなんと約50兆円のタンス預金があると言われています。いくらマイナンバー制度を運用したところで、タンス預金に紐づくことはありません。ただ、「新円切替」を行い、旧紙幣を使えなくすれば、その金額を正確に把握することができるわけです。

国の施策で、預金封鎖とセットで行われることが多いのが財産税の徴収です。財産税というのは、読んで字のごとく、財産の所有に対して課せられる租税です。お金(現金)を持っている人から強制的に税金を徴収して、国の財政を健全化するための手段です。先ほどの「新円切替」の話ですが、同時に財産税を課すことで確実に国民からお金を没収することができるのです。これらの施策は、ある日突然実行できるものではなく、国会に法案を通して、時間をかけて実行していく必要があるので、そのときに対策すればいいという考え方もあります。また、「そこまでのことはさすがにしないでしょう」という意見も多くあります。ただ、念には念を入れて備えておくのは無駄ではないでしょう。

基軸通貨のドル

このリスクから逃れるための手段はシンプルで、**現金以外の資産に振り分ける**ということです。例えば、不動産や株式、その他あらゆる資産に分けることでリスクヘッジができます。ただし、政府がその気になれば、なんでもできますから、日本国内で別の資産に変えるだけでは大した効果はないかもしれません。他の対策としては、**円以外の通貨に変える**こと。**海外に資産を作る**ことがあげられます。もしくは、究極は海外の移住権や永住権を獲得することですが、これはあとの節で改めて触れたいと思います。ここでは、誰でも簡単に取り組めることとして、海外での資産形成を考えるのが初めの一歩と覚えておきましょう。

「日本でもそこまでやっていないのに海外での資産形成なんて無理ですよ！」という声が聞こえてきそうですが、そう難しい話ではありません。**初心者が一番始めにやるべきなのは、米ドル資産を作る**ことです。ご存知のように世界の基軸通貨はアメリカのドルです。米ドル資産を作っておけば、もし先々、海外に移住することになったとしても、使い勝手が非常に良いのです。

為替リスク？　為替変動？

この話をすると、「外国の通貨を扱うときは為替リスクがありませんか？」と尋ねられそうですが、よく勉強していますね。その通りです。ただ、私は為替リスクという言葉には違和感を持っています。**「為替リスクもあるけど、為替メリットもありません？」**と思うのです。ニュースでよく聞く、1ドル何円という金額がありますが、あれがまさに為替です。例えば、1ドル100円のときに米ドルに資産を移して、数年後に1ドル80円になってしまうと、日本円に戻したときに20％減ってしまいます。これは円高になったということです。逆に、1ドル120円になった場合、その時点で日本円に換金すると20％増えたということになります。これは円安方向に動いたということです。つまり、**メリットにもデメリットにもなりえる**わけなので、**「為替リスク」ではなく「為替変動」**だよね、と思うわけです。

また、**為替変動を抑える方法**もあります。**ドルコスト平均法と呼ばれる毎月一定額の積み立て**を行うことで、為替変動の影響を下げることができます。例えば、過去15年間、米ドル建てで積み立て投資をしていたとすると、実は**為替の影響はほとんど受けていません。**ドルコスト平均法は変動を抑える方法として非常に有効なのです。物事にはすべて大なり小なりデメリットがあり、悪い方向にいったら損をしてしまうというのは当然のことです。しかし、適切なリスクヘッジをしておけば、資産を守ることができます。私は、何も動かずに日本円だけで持っておくよりも、為替変動という不確定要素はあるにしても、海外でも資産形成をしておく方が全体で見たらリスクが少なくなるので、そのようにしています。

Point

◆預金封鎖、財産税のリスクを想定しておく

◆逃れるために海外資産を作る。米ドルが一番安全

◆為替リスクは裏返せば為替メリット

図5 ドルコスト平均法が為替に与える影響（ドル／円での計算）

年	経年	積み立て金額	平均為替レート	積立円金額	
2005	1	$3,600	¥116	¥417,600	
2006	2	$3,600	¥120	¥432,000	
2007	3	$3,600	¥106	¥381,600	
2008	4	$3,600	¥92	¥331,200	
2009	5	$3,600	¥90	¥324,000	
2010	6	$3,600	¥83	¥298,800	
2011	7	$3,600	¥78	¥280,800	
2012	8	$3,600	¥90	¥324,000	
2013	9	$3,600	¥104	¥374,400	
2014	10	$3,600	¥122	¥439,200	
2015	11	$3,600	¥120	¥432,000	
2016	12	$3,600	¥116	¥417,600	
2017	13	$3,600	¥107	¥385,200	
2018	14	$3,600	¥114	¥410,400	
2019	15	$3,600	¥105	¥378,000	
総支払い額		$54,000		¥5,626,800	
140%時価		$75,600		¥7,877,520	¥7,933,788
				140%	141%

円ベース返戻率：141%

※2005年から毎月300ドルの積み立てをして、米ドルベースで40%の上昇をした場合に日本円ベースでは41%とほぼ変動がない。

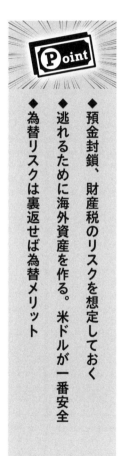

DAY 19

消費税が27%に上がったら大喜びしよう

最も身近な消費税

私たちにとって最も身近な税金はなんでしょうか？　所得税？　住民税？　会社員の方は給与から天引きされているので、意識しないといまいち気付かないのではないでしょうか。日々意識する税金というと消費税でしょうか。消費税は間接税です。間接税とは、税金を納める義務がある者と、税金を負担する者が異なる税のことをいいます。税金を負担しているのは私たち消費者ですが、税金を納める義務があるのは私たちから受け取った消費税をまとめて納税する事業者です。間接税の逆は直接税といって、所得税、住民税、法人税、固定資産税などが代表的なものです。会社勤めだと所得税、住民税は会社が給与天引きで支払っていますが、個人事業主であれば自分で確定申告して納めますよね？　だから直接税に分類されます。

この消費税ですが、2019年10月に8％から10％に上がりました。では今後、どこまで上がっていくと思いますか？　ご存知ない方もいると思いますが、既に２０３０年に15％に、最終的には20％に向けて上げていく話が浮上しています。増税直後の２０１９年11月に、ＩＭＦ（国際通貨基金）の幹部が来日し、２０３０年までに15％、２０５０年までに20％に上げるように提言したのです。その根拠としては、日本は今後40年間で人口が25％減ると言われています。さらに高齢者の比率がアップするため、労働生産性は下がる一方。しかし、社会保障費は増え続け、財政的に相当厳しい時代が来ると言われています。世界には既に消費税が20％を超えている国々もあります。例えば、北欧のデンマーク、スウェーデン、ベルギーあたりは消費税が25％です。ハンガリーに至っては、27％です！　その代わり、福祉サービスや医療制度、セーフティネットが充実しており、国民全体で負担し合って、お互いを支え合うという「高福祉・高負担」という考え方をとっています。日本も間違いなくこの道を辿ると考えられています。そのため、今10％の**消費税が2倍の20％になる未来を、私たちは考えておかなければいけません。**

どれだけの消費税を負担しているのか

ちなみに、私たちがどれくらいの消費税を負担しているかというと、例えば年収400万円の方の課税対象額は約200万円です。ここには賃貸物件の家賃が含まれていません。賃貸物件は非課税支出（消費税が課税されない支出）になります。つまり、年収400万円の方は約20万円の消費税を支払っているわけですが、これが2倍になったらどうでしょうか？ 同じ消費をしたとしても約20万円は新たに消費税で取られてしまうことになります。年収600万円の方で約240万円、年収800万円の方で約300万円が課税対象額となります。こう考えると、低年収の方ほど消費税負担が重いということが分かります。イメージするなら、自分よりも年収が3倍高い人が3倍のお金を消費に使っているかというと、そうではなく、貯蓄や投資などに回るお金が多いということです。

消費税はどんどん上がり、さらに所得税や社会保険料（健康保険、厚生年金など）などの強制的に給与から天引きされる金額は年々増していています。このままいくと手取り収入がどんどん下がってしまうのは目に見えています。事実、既に手取り収入（可処分所得）は下がり続けており、消費増税や物価上昇（インフレ）も加味した、実質可処分所得はこの10年で驚くほど下がっています。例えば年収500万円の方の実質可処分所得は約395万円から約375万円へと約20万円下がっています。実に5％ほどは使える金額が減っているのです。「この状況が許せない！」という方へ。私がオススメの方法をお伝えいたしましょう。

それは、**日本に税金を支払わない**ことです。世界を見渡すと、日本のように増税を繰り返している国もあれば、逆に税金を下げて外国から移民を受け入れている国もたくさんあります。香港の例を見てみましょう。香港は国の財政が非常に良好で、毎年お金が余っている状況です。会社に例えるのであれば、日本は毎年赤字の苦しい企業。当然、ボーナスもなければ、株主還元もほとんどできません。対して香港は毎年利益が上がって、従業員に決算賞与をたくさん支払って、さらには株主還元も積極的です。そんな香港ですが、例えば所得税は最大でも約15%、住民税は0%です。日本は所得税は最大45%、住民税は一律10%です。さらに、贈与税・相続税が日本は最大55%に対して、香港はなんと0%です。日本の富裕層が海外を目指すのはこういった理由によるものです。シンガポールも同じような税率なので、世界中から富裕層が集まっています。でも、「日本人は日本人なわけだから、税金を納めるのは日本に対してでしょう?」と思われるでしょう。しかし、**日本国籍を持っている場合でも、非居住者になると日本の税金ではなく、海外の税金が適用**されます。非居住者というのは日本に住んでいないと認定されている人のことです。日本から発生する所得に対しては日本の税金が課せられますが、外国で発生した所得に対しては原則日本では課税されません。つまり、香港で得た所得については、香港の税率で納めることになるのです。相続税、贈与税に関しても、財産を渡す側と受け取る側の両方が、海外に5年以上居住し、国外財産を相続する場合には、原則日本では課税されません。つまり、相続税、贈与税が非課税の国に居住していると日本でも海外でも課税されないというケースがありえるわけです。国籍を変え、永住権取得をサポートするコンサルティング会社なども存在し、最近では香港やシンガポールに国籍を移す方も増えてきています。

日本にいながらにしてできる節税

これは企業オーナーなどのごく一部の超富裕層だけの話に聞こえてしまうかもしれません。日本からの所得がメインであれば、メリットがありませんからね。では、国内をメインに活動している人が節税する方法はないのでしょうか？　そんなことはありません。私たちは日常業務の中で日々節税の相談などを受けます。税理士免許を持っているわけではないので、詳しいアドバイスはできませんが、一般論としてのアドバイスをします。例えば、所得税・住民税を抑えたいのであれば、**不動産やトランクルームなどの現物資産を保有し、減価償却費という現金支出が伴わない「魔法の経費」を使うことで節税**することができます。また、消費税が上がれば上がるほど手取り収入が増える投資もあります。国内で働きながらも、日本の税制の中でも賢く生きる方法はいくらでもあるわけです。税制は定期的に改正されるため、本書では詳しく書きませんが、大事なのは学ぶこと。知識を得ることだと思います。セミナーを通じて税金とうまく付き合いながら、手取り収入を増やすための最新の方法をお伝えしています。興味がある方はぜひお越しください。

Point

◆世界で最も高い消費税率は27%！
◆嫌なら国外に出るしかない
◆「魔法の経費」減価償却費を効果的に使う

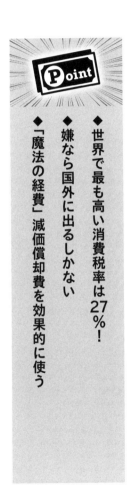

DAY 20

確定申告をしてみよう！

所得税と住民税の算出方法

あなたは自分の課税所得がいくらなのかすぐに答えられますか？

課税所得という言葉自体に馴染みがない方も多いと思います。日本では学生時代にお金に関する勉強をほとんどしませんし、就職して初任給を受け取った際にも給与明細の見方を教えてもらう機会はほとんどないように思います。**課税所得**というのは読んで字のごとく、**課税対象となる所得**のこと。課税所得に応じて所得税が計算されます。個人の場合、1～12月の収入から必要経費を差し引いた金額が所得額になります。会社員の場合の必要経費とは給与所得控除というもので、年収に応じてあらかじめ決められた数字を必要経費として差し引くことになります。個人事業主や法人の場合には、収入を得るためにかかった経費を控除することができますが、会社員の場合には経費という考えがないため、収入に応じて65～２３０万円の給与所得控除を差し引いた金額が所得額になります。その所得額から基礎控除として一律38万円を差し引きます。そして、次に所得控除と言われる個人ごとの事情に応じた控除額を差し引いて、残った金額が**課税所得**になります。代表的な所得控除は配偶者控除、生命保険料控除、医療費控除などです。聞いたことがある方も多いのではないでしょうか。配偶者控除、生命保険料控除などは会社が実施してくれる年末調整で自動的に計算されますので、今まではあまり気にしていなかったかもしれません。

課税所得が分かれば、その金額に対して**所得税率をかけると所得税の額が算出**されます。個人の方が給与から引かれている税金は所得税と住民税になるはずです。税金に関する知識も最低限持っておくべきでしょう。**住民税というのは課税所得に対して一律10%**で計算されますので、所得が多い人も少ない人も変わらず10%が住民税として差し引かれることになります。所得税と住民税は計算方法こそ似ていますが、大きな違いがあります。それは課税される時期です。所得税は当年度の所得に応じて毎月課税されて、年末調整を経て最終的な金額が確定します。対して住民税というのは、前年度の所得に応じて次年度に課税されます。野球選手などで、ものすごく稼いでいる選手が翌年度に大幅に年俸が下がった場合、生活が苦しくなるという話を聞いたことがありませんか？あれは収入が大幅に減った年度に、たくさん稼いでいた前年度の住民税が課されるために、生活が苦しいというわけです。

なお、所得税の計算式は、以下の表をご覧ください。この数字を覚える必要はありません。計算が必要なときにネットで調べれば所得税の計算方法はすぐに分かります。

図6 所得税の税額速算表（2020年令和2年版）

課税される所得金額（A）	所得税率（B）	控除額（C）	税額＝（A）×（B）－（C）
195万円以下	5％	0円	(A)×5％－0円
195万円を超え　330万円以下	10％	97,500円	(A)×10％－97,500円
330万円を超え　695万円以下	20％	427,500円	(A)×20％－427,500円
695万円を超え　900万円以下	23％	636,000円	(A)×23％－636,000円
900万円を超え　1,800万円以下	33％	1,536,000円	(A)×33％－1,536,000円
1,800万円を超え　4,000万円以下	40％	2,796,000円	(A)×40％－2,796,000円
4,000万円超	45％	4,796,000円	(A)×45％－4,796,000円

出典元：「経理COMPASS（運営元：freee株式会社）」https://bit.ly/3h5nxvv

税金の仕組みを学ぶ

大事なことは、会社員の方であったとしても**最低限の税金の仕組みを覚えておく**ことです。これからは終身雇用が維持される保証はどこにもありません。急に個人事業主として働かなくてはいけないときが来るかもしれません。そうなったときに**最低限の税金の知識がないと大きく損をしてしまう**こともあります。私が日々多くの方からお金に関する相談を受けている中で、アドバイスしていることがあります。それは、**会社員だとしても確定申告の経験を積みましょう**ということです。一番簡単に税金の仕組みを理解する方法というのが、自分で確定申告をすることです。

では、どうすればいいでしょうか。最も簡単な方法はふるさと納税をして、ワンストップ特例制度を使わずに自ら確定申告をすることです。最初こそ戸惑うと思いますが、すぐに慣れるはずです。ふるさと納税は寄附金控除として、所得控除の対象となります。あえてワンストップ特例制度を使わずに自ら申告することで、実体験として税金の仕組みに触れることができるでしょう。確定申告と聞くと身構えてしまう方も多いと思いますが、寄附金控除くらいであれば全然難しい話ではありません。国税庁のホームページからものの十数分あれば完了することでしょう。

不動産投資で確定申告をしよう

また、他にも自ら確定申告をする機会を作ることができます。それは**不動産投資や太陽光投資などの現物資産投資を始める**ことです。会社員の方が将来の年金対策として不動産投資を始めるという話は聞いたことがある方も多いと思います。不動産を保有すると確定申告をすることになります。なぜかというと、給与所得以外に賃貸物件からの家賃収入が発生するから申告しなければならないのです。ただ、確定申告というのは収入と経費を計算して申請するものなので、**投資用不動産を保有している方は収入（ここでは家賃収入）から経費（賃貸管理手数料、税金支払い、金利手数料、減価償却費など）を差し引くことができます。**不動産投資を行う上で様々な経費が発生しますので、持ち方によっては収入よりも経費の方が多く出るというケースがよくあります。ここでいう経費というのは実際に資金の流出を伴うものだけでなく、減価償却費のように資金の流出を伴わない経費もあります。このあたりは難しい話なので本書では触れませんが、現金の収支としてはプラスだったとしても、会計上の利益をマイナスにすることができるのです。**不動産投資で会計上の赤字を計上すると、課税所得から赤字分を差し引くことができます。これを損益通算**といいます。**課税所得から赤字分を差し引くことで、払いすぎていた税金が還付される**というメリットがあります。よく不動産投資は節税になると言われますが、このような仕組みなのです。ちょっと難しい話なので、興味がある方は不動産投資の節税方法についてインターネットで検索し、学んでいただきたいと思いますが、ここで言いたいことは会社員だったとしても何かしらの方法で確定申告を行うべきだということです。確定申告を行うことで自分がどれくらいの税金を負担しているかが分かってきます。知識が付けば付くほど節税テクニックを学びたくなるはずです。まずは知ることから始めていきましょう。

Point

◆収入と課税所得の違い、所得税と住民税の違いを理解する
◆所得制度や税金の勉強に最適なのは確定申告
◆不動産を持つと損益通算で節税できる

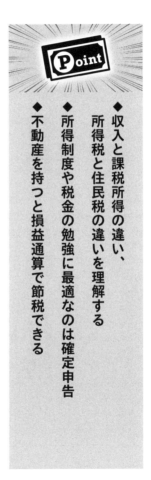

DAY 21

行動！行動！行動！

一番大事なマインドセット

ここまで財テクを中心に書いてきましたが、最後の節では最も大事なマインドセット（価値観）について触れていきます。ここまで本書をお読みいただいた読者の方はこの3週間ほどである程度マネーリテラシー（お金の教養）が向上したと思います。あまり知られていない知識や、具体的なテクニックも書いてきました。ただ、**最も重要なことは小手先のテクニックではなくあなた自身に宿るマインドセット**なのです。そこが変わらないといつまで経っても結果は変わりません。言うなれば、マインドセットというのは、建物を建てるときの基礎工事のようなもので、土台がしっかりしていなければ建物を建てることはできないのです。

理想的な人生を手に入れるために当然お金は必要です。ただし、お金ばかり追いかけても逃げられるだけです。大事なのは、**自分自身が「こうなりたい！」という理想の姿をイメージすること**です。建物を建てる際、一番初めに設計図を作るように、物事には計画が必須です。計画を立てたら次に何をするか、それは粛々と行動していくことです。動かなければ何も始まりません。本書で学んで、お金の知識が身についたとして、**明日からのあなたの行動が変わらなければ結果が変わるはずがない**のです。**一番大事なのは行動力。**そして、**行動するためには計画が必要**なのです。

本書の中で、日本の銀行口座にお金を貯めていても何も生まれない、米ドルでの積み立て投資で6％程度のリターンを得ることは容易だと書きました。この情報を知った人のほとんどは「へぇ、なるほどね。海外には高利回りの投資商品があるんだ」と思いつつも特に行動に移しません。残りのごく一部の方は「なるほど！　できる範囲でやってみよう」となります。**成果が出るのは間違いなく後者。実際に行動をした人**なんです。

多くの人が行動できないわけ

では、なぜ多くの人は行動することができないのか。これについて考えてみます。私が今まで多くの方と出会ってお話を伺ってきた中で感じることは、**現状を変えることに対する恐怖（現状維持バイアスといいます）が行動を押さえつけている**ということです。例えば、あなたの周りにこんな方はいませんか？ 現状に満足しているわけではない。今の会社に不満がある。ただし、転職するわけでも起業するわけでもなく、いつまでも同じ会社にいる。こういったケースはよくあると思います。「変わりたい！」と内心思っていても、実は心のどこかで変わることへの恐怖や面倒臭さがあって、不満を言いながらも動くことができない。このような方にたくさんお会いしてきました。私は決まって同じアドバイスをします。**「本気で自分を変えたいと思うのであれば、少しのリスクを背負って行動する**しかありません。もし、**考え抜いた上で行動しないという決断をするのであれば、現状に文句を言ってはいけません。**今を目一杯楽しみ、目の前のことで結果を出しましょう」と。

私は経験してきたから分かるのですが、行動する前に抱えていた恐怖というのは、動き出してしまうと消え去ってしまうものです。あなたはバンジージャンプをやったことがありますか？ 高いところに登り、下を見ているとものすごい恐怖心に駆られます。ただ、一番怖いのは飛ぶ前だけで、実際に飛んでしまうと意外に恐怖は吹き飛び、綺麗な景色を楽しむ余裕すら出てくるものです。人生も同じです。自分を変えたい。独立、起業したい。将来のために投資を始めたい。新しいことを始める前はやっぱり怖いです。失敗したらどうしよう。うまくいかなかったら恥ずかしいなどと考えてしまい、初めの一歩がなかなか踏み出せない。私も同じ思いを抱えていました。ただ、そんなときに考えることといえば、**「動かずに後から後悔するのと、今恐怖心に打ち克って行動してみること、どちらが先々の自分にとってプラスになるか？」**というシンプルな問いです。少し考えれば答えは出るはずです。行動すれば、挑戦すれば見えてくる景色があります。バンジージャンプと一緒で飛んでみなければ何も変わらないのです。

変わろうと決意して行動する

私の辞書には「失敗」という言葉がありません。根性論に聞こえてしまうかもしれませんが、**行動し続けていればいつかうまくいく**と信じています。実際、今までに自分の頭で思い浮かべたことで叶わなかったことはありません。もちろん、一時的にうまくいかないことはあります。そこで諦めてしまえば、それは世間一般でいう「失敗」なのかもしれませんが、諦めずに行動し続けていると必ず学びが付いてきます。その学びを活かし、しつこくチャレンジを繰り返していけば必ずいつか事態は良い方向にいくと考えます。つまり、**うまくいくいかないはあなたのマインドセット次第であり、一度このモードに入ってしまうと、思い浮かべることすべてが叶ってしまう**、最高の人生を送ることができます。そのためにまず必要なことは、一歩を踏み出すこと。変わろうと決意して行動を始めることです。

多くの成功者の方々を見ていて思うことは、**成果を出す人はみな、行動者である**ということ。本当にアグレッシブに行動をしています。逆に、今がうまくいっていない方は行動が足りていないケースが多いです。となれば、答えは簡単。まずは今日から動き出すことです。私が本書を書いた目的としては、**暗い日本を明るく、元気に、夢と希望が溢れる国に変えていきたい**と思うからです。そして、私の人生の**理念でもある「ワクワク、生きる」を世界中の人々が体現していけるように**、まずは自分が今までやってきたことを一人でも多くの方にお伝えできればと思っています。精神的自由度を高めるということは、心豊かに生きるということです。そのためには、経済的自由度を高めなければなりません。お金の豊かさです。その前段階として、**お金の不安や心配を抱えている人がたくさんいるこのご時世に、正しいお金の知識を得ていただきたい**のです。そして自分のできるところから、小さな行動をしていくことで少しずつ世界が良くなっていくと信じています。**恐れることなく、まず小さな一歩を踏み出してみてください。**

Point

◆なんだかんだ言っても、
行動しなければ何も変わらない
◆行動すれば必ず学びがついてくる。
失敗なんてないから行動を続ける
◆成果を出す人はみんな行動者である

おわりに

私が自分で投資や資産形成に取り組み始めてから18年ほど経ちます。当時は今のようにインターネットが発展しておらず、正しい情報を得ることも難しかったのを覚えています。そうした背景もあり、私は10代にして、投資詐欺に遭ったり、お金が原因で人とのつながりを失ってしまったりと、多くの失敗を重ねてきました。現在はどうでしょうか。知りたい情報は検索エンジンに打ち込めばものの数秒で目の前に現れます。また、あちこちで投資や資産形成に関するセミナーや勉強会が開かれています。YouTube にもたくさんの動画が上がっています。その気になれば情報を得ること自体は容易な世の中になりました。ただ、今までお金のことを学んだことがない多くの方が（日本人は学校教育の中でお金の勉強をほとんどしません）、いきなりプロと同じ土俵で資産形成をしていくというのは非常に厳しいことだと思います。私は**もっと簡単に、お金に関す**

る勉強をできる場があればと、ずっと思ってきました。会社勤めの方が、本業の傍ら、空いている時間に少しずつ学んでいくことで、着実に成果が出せる学校があれば、日本の金融リテラシーは向上していくのに……と。そういう場がないので、自分がやるしかないと思い、ココザスという会社を通じて、**世間に正しいお金の情報をお届けし、少しでも世界が良い方向に変わるきっかけ作りをしたい**というのが私の人生の目的です。

本書では、1日1項目、学んでいただくということで、読書が苦手な方に対しても、毛嫌いすることなく、学んでいただけるようにしました。何か一つでも有益な情報をお届けでき、実際の行動に移すことで初めの一歩を踏み出していただければ嬉しく思います。

本書を読み始めて3週間、お金に対する考え方に変化はありましたか？　21日間で学ぶ、というコンセプトで本書を執筆しましたが、場合によってはもっと早い方もいるかもしれませんし、数カ月かかってしまった方もいるかもしれません。どちらにせよ、また目次に戻っていただき、気になる節だけ読み直していただくのも良いかもしれません。極力、節ごとに完結するような構成にしてあるので、改めて読み直していただくことでさらに学びが深くなると思います。

多くの方の人生に向き合い、資産形成を通じて心が豊かに変わっていく方を数多く見てきました。お金の不安というのは人の性格すらも変えてしまうものだと思います。逆に、**お金の不安がなくなり、経済的自由度が高まることで良い方向にも変わっていきます。**

私もあなたも身の回りの方を幸せにすることしかできません。ただ、**一人が変わることでその周りの何人もの人生が変わります。**そして、その周りの方々……と連なっていくことで、**世界中の人々が「ワクワク、生きる」**という私の理念を実現することができると信じています。

本書はただのきっかけに過ぎません。**実際に行動していくのはあなた**です。自分の人生と本気で向き合い、経済的にも精神的にも豊かな人生を送っていきましょう。またどこかでお会いできることを楽しみにしております。あなたの人生に幸あれ！

著者　安藤 義人

ココザス株式会社 代表取締役CEO

1987年東京生まれ。高校中退後、16歳から
工事現場で内装職人としてキャリアをスタート。
2012年にとあるスタートアップの創業に携わり、
COOとして年商10億円ほどに成長させる。
2016年に個人向けに資産形成コンサルティング
サービスを提供するココザス株式会社を創業。
直近決算の業績は売上高、純利益ともに
前年の約3倍増という急成長を遂げている。
世界中の人々がワクワク生きていける世界を
作るため、日々ココザスの経営に没頭中。

装丁デザイン　小沼 孝至
本文デザイン　水野 日三美

3週間で身につく 日本人が知らないお金の常識

発行日　2020年11月16日
著者　安藤 義人
発行所　ココザス株式会社
〒105-0014 東京都港区芝2-27-8 VORT芝公園7階
TEL：03-6435-4032
HP：https://cocozas.jp
発行人　安藤 義人
発売所　サンクチュアリ出版
〒113-0023 東京都文京区向丘2-14-9
TEL：03-5834-2507　FAX：03-5834-2508
印刷・製本　開成堂印刷株式会社

ISBN978-4-8014-9111-3 C0036